AF314933

Collection Henri BOUCHEREZ (2ᵉ Partie)

VENTE DES VENDREDI 13 ET SAMEDI 14 DÉCEMBRE 1912

HOTEL DROUOT, SALLE Nº 7

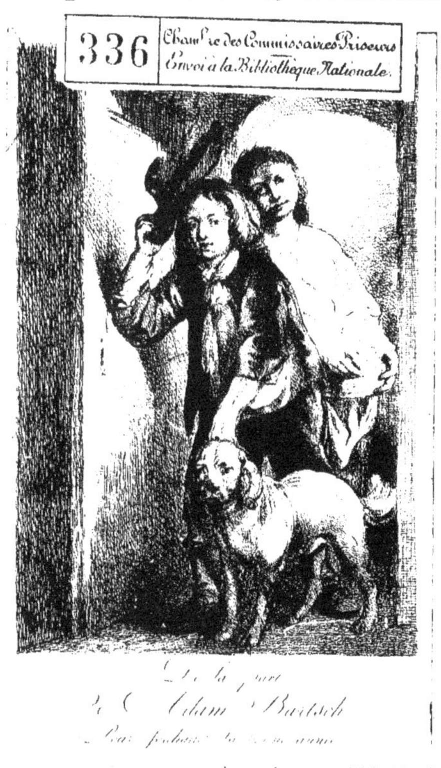

Nº 197

ADRESSES ANCIENNES ET MODERNES

CARTES ILLUSTRÉES, FACTURES

Menus, Programmes, Curiosités diverses

DOCUMENTS SUR LA RÉVOLUTION ET L'EMPIRE

COMMISSAIRE-PRISEUR

Mᵉ GEORGES ALBINET

83, rue Taitbout

EXPERTS

MM. LÉO DELTEIL & A. LE CORBEILLER

38, rue de Châteaudun

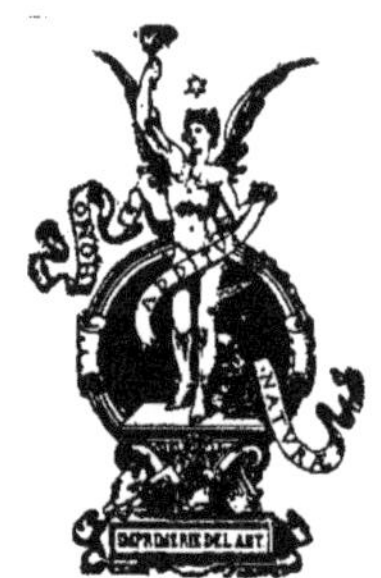

ANNUAIRE

DES

Ventes d'Estampes

Guide de l'Amateur

Publié par LÉO DELTEIL

PREMIÈRE ANNÉE (OCTOBRE 1911-JUIN 1912

1 VOL. IN-8 RAISIN

PRIX. . . . . **20 Francs**

L'importance pour le public d'être tenu au courant des prix des ventes publiques d'estampes nous a suggéré l'idée de publier cet *Annuaire*.

Il donne la liste de toutes les estampes passées dans les ventes publiques de la saison 1911-1912, avec leurs prix d'ajudication.

Cet *Annuaire* étant un ouvrage de travail destiné à fournir rapidement les renseignements cherchés, nous avons employé le classement par ordre alphabétique de Peintres et de Graveurs permettant ainsi à l'amateur d'être fixé de suite sur la valeur de la pièce recherchée.

L'*Annuaire* que nous offrons nous parait combler une lacune et répondre à un besoin réel. Il sera par conséquent un manuel de références sérieuses et un guide sûr et complet pour l'amateur d'estampes, lui permettant ainsi, à l'ouverture de la saison 1912-1913, d'être fixé d'avance sur le cours de chaque pièce.

Il est *illustré* de 28 reproductions hors-texte d'estampes célèbres.

CATALOGUE

D'Adresses Anciennes

ET MODERNES

CARTES ILLUSTRÉES

Menus — Programmes — Cartes-Invitations

DOCUMENTS SUR LA RÉVOLUTION ET L'EMPIRE

CURIOSITÉS DIVERSES

ESTAMPES

DONT LA VENTE AURA LIEU A PARIS

HOTEL DROUOT, SALLE N° 7

LES VENDREDI 13 ET SAMEDI 14 DÉCEMBRE 1912

A 2 heures précises

PAR LE MINISTÈRE DE

Me GEORGES ALBINET, COMMISSAIRE-PRISEUR

83, rue Taibout

ASSISTÉ DE

MM. LÉO DELTEIL ET A. LE CORBEILLER

MARCHANDS D'ESTAMPES-EXPERTS

33, rue de Châteaudun, 38 — PARIS

CONDITIONS DE LA VENTE

Elle sera faite au comptant.

Les adjudicataires paieront *dix pour cent* en sus des enchères.

MM. Léo DELTEIL et A. LE CORBEILLER rempliront les commissions que voudront bien leur confier MM. les Amateurs ne pouvant y assister.

MM. les Amateurs pourront visiter la Collection du **Lundi 9 au Jeudi 12 Décembre 1912.**

ORDRE DES VACATIONS

Le 13 Décembre 1912. . . . . 1 à 166
Le 14 Décembre 1912. . . . . 167 à fin.

Paris. — Imp. de l'Art, CH BERGER, 41, rue de la Victoire.

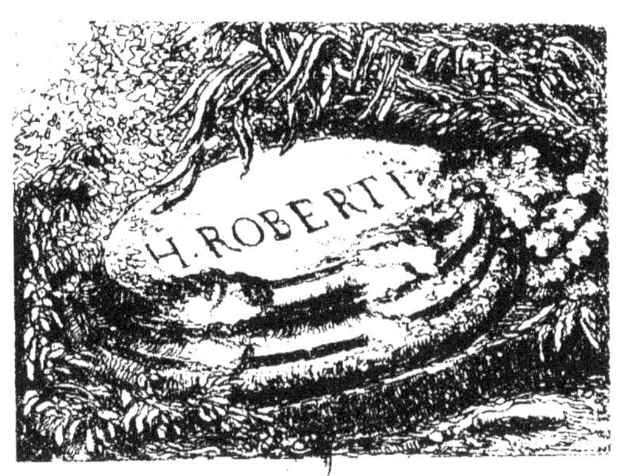

Nᵒ 201

DÉSIGNATION

ADRESSES

1 — **AMEUBLEMENT**. — Magasins de meubles, Ébénistes, Tapissiers et sculpteurs-décorateurs, Étoffes pour ameublements, etc. — Réunion de 75 pièces, adresses et factures.

2 — **Ringuet,** tient magasin de beaux meubles dans tous les genres. Rue de la Verrerie, nᵒ 96, à Paris. — Charmante adresse du xviiiᵉ siècle, très belle épreuve.

3 — **ARMURIERS, ARQUEBUSIERS**. — Réunion de 14 pièces, adresses et factures, anciennes pour la plupart.

Magasin royal de Armes à Paris, appelé vulgairement la Bastille *(gravé par Le Pautre)*. — *Aux armes sans pareille.*

Epr. *avant lettre*. — *Au Franc chasseur*. Carmant, arquebusier à Amiens. — Cœrville, fourbisseur. Quarré du Pont
rouge, n° 2. — Fatou, arquebusier-fournisseur, rue du Bacq.
— *Au Dieu Mars*, Palais Royal. Dupont, fabricant d'armes,
2 adresses différentes. — Faure, arquebusier à Bayonne. —
Albert Renette, canonnier breveté du Roi, 1822. — Devisme,
arquebusier breveté, 1842, etc.

4 — Armuriers de Paris. Adresse de Corporation. Belle
et rare pièce du xvie siècle.

5 — Invitation de MM. les Officiers de la Compagnie
royale de l'Arquebuserie de Lyon. Belle et rare pièce,
in-fol. en larg.

6 — **ASSURANCES, BANQUIERS, AGENTS D'AF-
FAIRES, AVOCATS, HUISSIERS**, etc . — Réu-
nions de 24 pièces des xviiie et xixe siècles.

7 — **ARCHITECTES**. — **Taraval**, architecte. *2 adresses
différentes gravées par lui-même*. — **Baltard**, architecte, dessinateur et graveur, rue Dominique, n° 239
Ensemble 3 pièces.

8 — **BAINS** — Établissements de bains, Eaux thermales,
Bains de mer. Réunion de 8 pièces.

> Bains Saint-Jean, faub. Montmartre, 58. — Bains du
> Mont-Blanc, rue Saint-Lazare, 74. — La Samaritaine, éta-
> blissement de bains chauds sur la Seine. Titre de une part
> d'intérêt. — Eaux thermales de Saint-Amand (Nord). —
> Bains de mer. Carte d'entrée aux salons, etc.

9 — **BAZARS, JOUETS D'ENFANTS**. — Réunion
de 9 pièces.

10 — **BOIS ET CHARBONS**. — Chantiers et marchands de bois et charbons. Réunion de 65 factures
et adresses.

> A la *Renommée*, Morel, marchand de bois à brûler, 1815.
> — *Au Chantier du Garde Nationale*, Gallais, 1835. — Du-
> flocq, marchand de bois et charbon, rue de la Pépinière

5o *bis*, *1841*. — Chantier Durand, quai de la Rapée, *1837*. — Grand chantier, appelé le Chien Noir, *1784*. — Grand chantier de l'Obélisque, *1845*, etc.

11 — **BIÈRE.** — Bonne bière de Mars. *A Paris, chez J. Chereau.* — Curieuse pièce de la fin du xviii⁺ siècle, gr. in-fol. en larg., *coloriée.*

12 — **BRASSERIES, CABARETS, CARTOMAN-CIENNES**, etc. — Réunion de 78 pièces.

13 — **BRONZES.** — Fabricants et magasins de bronzes — Réunion de 44 pièces, adresses et factures, des xviii⁺ et xix⁺ siècles.

Au Lion d'or, rue de la Ferronnerie, à Paris. Ravrio, *An 5.* — D'Artois fils, *1824.* — *Au Maistre de tout*, Lamotte, Gallien et Choiselat, *5 pièces différentes des* xviii⁺ *et* xix⁺. — Vittoz, Fabricant de Bronzes, 10, rue des Filles-du-Calvaire *(gravé par Feuchère, 1871).* — Susse freres, 31, place de la Bourse. *7 pièces différentes.* — etc.

14 — Fabricants de lampes, lustres et bronzes. — Réunion de 17 pièces, adresses et factures, des xviii⁺ et xix⁺ siècles.

Chabrier Delic, rue de la Monnaie, n° 9, à Paris. — Milan ainé, rue de la Paix, n° 13, à Paris. — *Aux Petits Pêcheurs*, Maissonneuve, marchand ferblantier-lampiste, à Paris. — Suireau, lampiste, Paris, *1838* — Noël, rue Vivienne. n° 11, à Paris. *1809.* — *A la belle étoile*, Milan jeune, rue du Roule, n° 7. — De Par le Roi. Avis au public. Nouvelles lampes et lanternes à reverbère, — etc.

15 — **CACHEMIRES.** — Fabricants et magasins de cachemires, châles. mérinos, etc. — Réunion de 14 pièces. adresses et factures.

A la Vieilleuse. Chartier, place et passage des Petits-Pères, 9 et 11. *1824.* — Frainais et Gramagnac, 32. rue Feydeau. — *A la Fabrique de châles cachemires*. Hénot, rue de Choiseul. n° 9. — *Aux Indiens.* Martin. 93, rue Richelieu, etc.

16 — **CALLIGRAPHES.** — **Pillot,** graveur en lettres, rue
de la Huchette, à l'Ygrec, à Paris. — **Bureau d'Ecri-
ture,** rue Neuve-des-Bons Enfans, n° 8. L'on y entre-
prend tout ce qui concerne la copie, la rédaction des
écritures et calculs. — **Mesd. Chassinte,** rue de
Jérusalem, n° 3, Entreprise d'écritures. *2 adresses-
factures différentes, 1827.* — **Mlle Eugénie Targny,**
rue des Deux Ecus, n° 20. *Adresse-facture. 1837.* —
Galerie Vivienne, 44. L'écriture anglaise enseignée
en 25 leçons par FAVARGER. — Ens. 6 pièces des
XVIIIe et XIXe siècles.

17 — **CARROSSIERS, SELLIERS, LOUEURS DE
CHEVAUX ET DE VOITURES, VÉTÉRI-
NAIRES, etc.** — Réunion de 40 pièces, adresses et
factures.

> F. Dewitt, carrossier, Bruxelles — Bompard frères, entre-
> preneurs de voitures, Nimes. — *Au Cheval arabe et à la
> Levrette.* Moreau, marchand d'équipages de chevaux,
> Paris. — Liégard frères, fabricants, 19, boulevard Mont-
> martre. — *A la Course,* Batardy, Équipages de chevaux de
> selle et de voitures, à Paris, *1829.* — *A la Fleur des
> Marchands.* Roullier et Chevalier, *1771.* — *Au Cheval
> volant.* P. Ryangaut, louageur, Gand. — Ligneau, ex-vété-
> rinaire en chef du Régiment Dauphin-Lanciers, Sézanne. —
> Bourelly, tondeur de chevaux, Marseille. — Carte d'entrée,
> courses de chevaux, *1839.* — etc.

18 — **Joseph Cooper,** Coach and Harness Maker,
Manchester. *Gravé par Bottemley.* — *Au Courier,*
rue Thionville, n° 1735. **Mathé,** sellier à Paris. —
Ens. deux pièces.

19 — **CARTIERS.** — Adresses, enveloppes de fabricants
de cartes. — Réunion de 10 pièces anciennes.

> *Au Dauphin.* Desetables, marchand Cartier à Lisieux. —

Cartes très fines de Charles de Lépine, M^t au bas de la rue des Belles-Femmes à Rouen. — *A la Sirène*, Sarton frères et Sœurs, à Bruxelles. — Cartes de Manesson, *Au Roy David* à Paris. — *A la Reyne de Hongrie*. Jobert, Cour des Quinze-Vingt à Paris. — Cartes très fines de E. B., cartier de M. le Marquis d'Huxelles. — *Au Grand Gustave de Paris*, Raisin, vieille rue des Petits-Champs à Paris. *2 pièces différentes*. — Fabrique de cartes de la veuve Delatre, rue Helvétius, n° 37, à Paris. — Cartes très fines de la Fabrique de Janet, rue des Mathurins, n° 10.

20 — **Testu,** fab^t de cartes à jouer, rue Croix-des-Petits-Champs, n° 41. — *Au Roy de Siam*, rue de Grenelle Saint-Honoré, n° 15. **Meunier,** fab^t de cartes à jouer. 2 *factures datées de 1814 et 1829*. — **Chassonneris,** M^d fab^t de cartes à jouer, rue de la Verrerie à Paris. — **Fétil,** M^d papetier, cartier et relieur, faubourg Saint-Denis, n° 14, à Paris. 2 *adresses*. — Ens. 4 pièces.

21 — **CARTES A JOUER**. — Réunion de cartes à jouer du xviiie siècle, de la Révolution, de l'Empire, etc., dont un certain nombre en planches non découpées. Environ 100 pièces.

22 — Cartes à jouer, planches non découpées. — Jeux de cartes divers, complets. — Art du Cartier par M. Duhamel du Monceau, 1762, etc. — 1 lot.

23 — **CHAPELIERS**. — Réunion de 50 pièces, dont 4 factures, anciennes et modernes.

> *Au Temple du Goût*. Poupard, chapellier de S. M. l'Empereur, Palais du Tribunat, à Paris. — Vernier, chapelier du Prince de Condé. — *Au Chapeau royal*. Dassier, chapelier du duc de Berry. — *Au Grand Balcon*. Velaine, chapelier. — Chapellerie de Lapeyre à Aignan, etc. etc.

24 — *Au Grand Turenne.* **Paul Banelin,** Marchand, demeurant à Mets, vend chapeaux de castor, loutre, gans de dain, bas de soie, etc. — Belle adresse avec le portrait de Turenne.

25 — **Deseine,** M^d chapelier, tient magasin de costumes, rue St-André-des-Arts, n° 115, à Paris. *Curieuse pièce imprimée en sanguine.* — **Pivert,** M^d chapelier ord^re de M^r le Dauphin et des Enfans de France. Rue Jacob à Paris. *2 petites pièces sur une même pl.* — **Adresse** de chapelier, époque de la Révolution. *Ep. avant la lettre.* — Ens. 3 pièces.

26 — Chapellerie. Adresses et factures diverses. Réunion de 41 pièces.

27 — **CHAUSSURES.** — Réunion de 46 pièces, adresses et factures anciennes et modernes.

> *A la Botte sans couture,* Colmar, Palais-Royal, n°s 7 et 8, Paris. *2 adresses différentes.* — R. Mac Henry, de Londres, bottier de S. A. R. Monseigneur le Dauphin, rue de la Paix, n° 28 à Paris. — Jecker, cordonnier *(gravé par Ch. Jacque).* — Certost, cordonnier pour dames, boulevard des Italiens, n° 25. — Jacobs, cordonnier de S. A. R. Mme la Duchesse d'Orléans, rue de la Paix, n° 28. — *A la Botte Impériale,* Schabtag, rue du Bacq, n° 13, etc.

28 — **CIRAGE.** — **Débit de Cirage de L. E. Langlois,** Ch^er de la Légion d'Honneur, à Paris, rue de la Verrerie, n° 83. in-fol. — *Au Chat botté.* Débit de cirage du sieur Lesage, rue Montmartre, n° 32, etc. — 4 pièces, *2 coloriées.*

29 — **CIRE.** — *A la Renommée.* Secret d'Hollande. Nouv. fabrique de la cire d'Espagne du véritable secret d'Hollande, rue de l'Arbre-Sec. — Belle adresse gravée par Le Mire. Belle épreuve *avant la lettre.*

3o — **CIRQUES, ménageries, automates,** etc. —
Réunion de 18 pièces.

> *Course d'oiseaux hollandais.* P. G. Dujon. — *Munito*, chien
> savant. *1826.* — *Aux Amateurs de Beaux-Arts.* Expériences
> vitrificatives de M. Demmenie, professeur hollandais, Hôtel
> Chateaugiron, rue Corbin. — *Mogols vivants.* On les voit,
> Palais-Égalité, Galeries de pieres, n° 46. — *Ménagerie
> d'animaux vivans*, venant d'Amsterdam. — *Automate phi-
> sicien*, pièce mécanique par M. Stevenard. — *Cartes* du
> Cirque Olympique, etc.

31 — **COIFFEURS.** — Réunion de 20 pièces anciennes
et modernes.

> Labat, cœffeur, Palais Royal n° 2, inventeur des nouvelles
> perruques sans ressors et sans élastique. — Gaitte, arrivant
> de Paris, prévient les habitants de cette ville qu'il s'est ap-
> pliqué à perfectionner l'art de travailler dans les cheveux. —
> *A la Renommée*, Meysonnier, coiffeur, rue de la Harpe, 73,
> à Paris. — Plaisir, coiffeur ordinaire de S. A. R. Mgr le duc
> d'Angoulême. — Girard, coiffeur, rue Vivienne, n° 17. —
> Oleïne-Saissy pour la barbe. — Théod. Clauss, coiffeur à
> Audenarde, etc.

32 — **COMESTIBLES.** — *Au Gourmand.* Corcellet,
marchand de comestible, Palais-Royal. *5 adresses,
dont 4 différentes.* — **Aux Deux Gastronomes**
(*gravé par P. Porchelot*). — Ensemble 6 pièces.

33 — Marchands de comestibles, charcutiers, laiteries,
boulangeries, pâtissiers-traiteurs, etc. — Réunion
de 3o pièces, adresses et factures.

> *A la Renommé de Lyon.* Masson-Chevillard, marchand
> charcutier, *1820.* — *Au Pain de sucre royal.* Musnier, *1789.*
> — *Parc aux Huîtres.* Lelièvre, restaurateur au Hávre. —
> *A la Ferme Chabrol.* Poinsot, *1848.* — Bénard, breveté de
> S. M. Louis XVIII pour le lait d'ânesse, *1818*, etc.

34 — **CONFISEURS.** — Réunion de 28 adresses et étiquettes.

> *Au Monarque bienfaisant.* Mme Lamotte, marchande de

bonbons de S. A. R. Madame la duchesse d'Angoulême, etc.
— *A la Fidèle Bergère*. Lalouet, confiseur-distillateur. — *A
l'Espérance*. J. Gilles, confiseur. — *Aux Vieux Amis*. Corbie
Oudard, 2 épr., 1 avant lettre (*gravé par Perdoux, 1819*).
— Cadot Anquetin, à Rouen. — *A la Barbe d'Or*. Fieffé et
Raynaud. — *A la Fidélité*, Mary à Evreux. — *Aux Deux
Bergers*. Aug. Nau. — *Au Fidèle Berger*, etc.

35 — Confiseurs. Adresses et étiquettes diverses. — Réunion de 51 pièces.

36 — Factures de confiseurs-distillateurs. — Réunion de
19 pièces, la plupart du commencement du xixe siècle.

> *Au Bras d'Or*. Coue. *1831*. — *Aux Deux Amis*. Cochet,
> *1817*. — *A la Caravane*. Marquis, *1820*. — *A l'Orange-
> rie*. Guélaud, *1811*. — *Au Chat Noir*. Perrot, *1811*, etc.

3₇ — **Au Pommier**. Palais du Tribunat, Galerie de
Bois, n° 190. Dépôt de gelée de pommes de Rouen
et autres confitures des meilleurs confiseurs. — Très
belle et curieuse facture du xviiie siècle.

38 — Fabricants de chocolat, biscuits, pain d'épices,
Marchands de thé et café. — Réunion de 33 pièces,
adresses et factures.

> *A l'Américain*, Pelletier et Héloin fils, fabricant de cho-
> colat, rue Neuve-des-Petits-Champs, n° 14. — *Chocolat de
> Santé*. — *A la Ville de Milan*, Genella, *1816*. — Bertrand
> Provancher, breveté pain-d'épicier du Roi, à Rheims, *1830*.
> — Noel-Houzeau. fournisseur de biscuits du Roi, à Rheims,
> *1829*. — Café Brillat-Savarin. 1863, 2 épr., une *avant lettre*.
> — Adresses anglaises, etc.

38 *bis* — **CORAIL**. — **Mégi**, Garambois et Augienne,
fabricans de corail, aux Picpus, à Marseille. — Belle
adresse du xviiie siècle. (*Rare*).

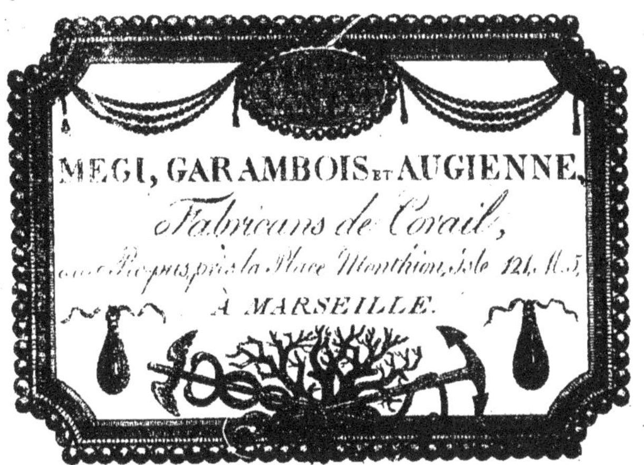

N° 38 bis

39 — CORSETS, CHEMISIERS. — Réunion de 20 pièces, adresses et factures.

> *Au Corset d'Or.* Mme Ventard, rue Richelieu, n° 28. — Mme Hyppolyte, corsets, rue de la Michodière, 21. — *A la Couronne Impériale.* L. N. Simon, rue Saint-Honoré, 183. — D. Darnet, chemisier, 83, rue Richelieu. — *Au Prophète.* Ch. Noé, chemisier, 18, boulevard des Italiens, etc.

40 — COUTELLERIE. — Réunion de 15 pièces, dont 4 factures du xviiie et commencement du xixe siècle.

> *A la Coupe d'Or.* J.-J. Perret, M° et Md Coutelier, rue de la Tixeranderie. — *Au Baton Turc.* Cuvier, Maître coutelier, pour les rasoirs, etc. Rue J.-J. Rousseau. — Prajier, fabricant de rasoirs, rue Bourg-l'Abbé, n° 22, (dessin). — *A la Lampe merveilleuse,* Vallon, fabricant de coutellerie, Paris. — Humphry Repton and Company. Norwich, 1771. —

Sabatier père et fils, couteliers, rue Saint-Honoré, n° 84. — Gavet, coutellier du Roi, rue Saint-Honoré, n° 158. — *Au Ciseau Couronné*. Sénéchal, coutellier, rue du Petit-Lion-Saint-Sauveur, n° 14, *1829*, etc.

41 — **Jacques Songy**, Mt Coustelier à Paris, faict de bonnes lancettes, rasoirs, trepan et autres fermants servant aux chirurgiens et barbiers, demeurant rue des Petits-Champs, à l'anseigne du *Grand Cerf, 1732*. — Belle et rare adresse.

42 — **Manufacture nationale**, fabrication particulière de nécessaires à barbe et de rasoirs d'acier fin. Le Petit-Walle, aux Quinze-Vingts, faubourg Antoine à Paris. — Très belle pièce in-fol. en larg., belle épreuve.

43 — **DENTELLES**. — **Wuymel-Rouzé**, tient magasin de dentelles à Lille. — **La V° Duverdyn**, tient magasin de dentelles, vis-à-vis la Salle des Spectacles, à Lille. — Deux pièces gravées par Durig.

44 — **DENTISTES**. — **Le Loup le jeune**, expert pour les dents, receu à Saint-Cosme, à Meaux, *1754*. — **Certificat** de bonne vie et mœurs donné par les consuls et gouverneurs de la ville d'Arles au sieur Rossy, musicien et dentiste, natif de Venise, *1771*. — **Avis au Public**. Le Sr Masson dit Bernard, expert-dentiste, Dyon, *1775*. — **Avis au Public**. Le sieur Morel, dentiste de l'Université de Montpellier, a Dijon. — Quatre pièces du xviii°.

On y a joint *10 pièces*, adresses de dentistes, eaux et poudres dentifrices.

45 — DOREURS - ENCADREURS, COULEURS FINES — Réunion de 20 pièces, la plupart anciennes.

> Pastels fins, grand assortiment pour Portraits chez Ch. Helmold à Lausanne. —T Reeve and Son, Superfine Colour Manufacturers, London (*gravé par Barlow*). — Toulouse, doreur. — Le Seur, M* Vitrier.— Depeuille. — Fan-Zvoll fils, à Paris. — Pieri, peintre-doreur, etc.

46 — Doreurs-encadreurs, couleurs fines, encres typographiques. — Réunion de 53 pièces, factures et adresses.

47 — EPICIERS. — Collection de **210** factures, la plupart du comm¹ du siècle (quelques unes du XVIIIᵉ).

48 — Réunion de 14 pièces, adresses et factures.

> *A l'Américain.* Pelletier, marchand épicier-cirier, rue Neuve-des-Petits-Champs, à Paris. — *Au Père de Famille.* Gennequin, marchand-épicier, rue de la Harpe. — Bertault fils, Chandelles, épiceries, con mission. -- Tissot, fabricant de chandelles, rue des Lombards, n° 3. — *Aux Ports d'Italie,* Loup jeune, *1817.* — *Au Gagne Petit.* Tailleur, *1830*, etc.

49 — ÉPINGLES. — Fabricants d'épingles et d'aiguilles. Réunion de 6 pièces anciennes, adresses et factures.

> Les Frères Rossignol. — Rossignol-Gueuret et fils, frères à Laigle. — Ducrozet, rue du Verbois, à Paris — *Aux Trois Aiguilles d'or couronnées.* Dupez, *1786.* — *A la Bonne Pointe.* Moutardier Thimothé, *An 5.*

50 — ESCRIME. — Académie pour les armes tenue par le Sʳ **Prévost,** rue des Mauvais-Garçon (sic), à Paris (*Gravé par N. Thomas, d'après N. Le Mire*). — **Dupont,** Maître d'armes, privilégié de la Ville et de l'Université de Strasbourg. — Ens. 2 belles pièces du XVIIIᵉ.

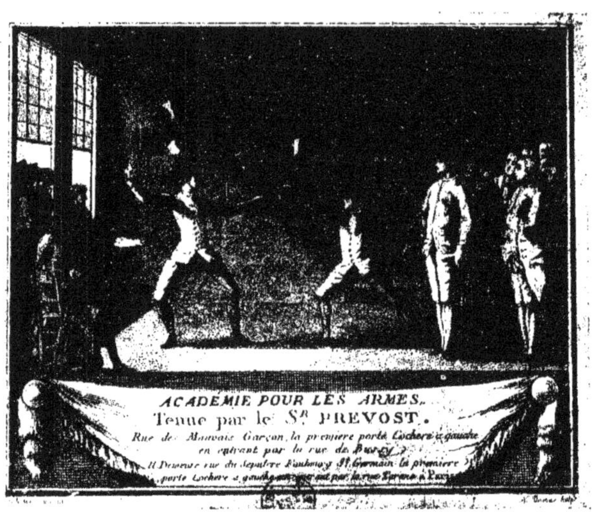

Nᵒ 50

51 — **Escrime**. Réunion de 7 pièces.

> Salle d'escrime tenue par MM. Robert père et fils, profes-
> seur d'escrime à l'Ecole Polytechnique, rue Cadet, nᵒ 20. —
> P. A Daressy, professeur d'escrime. — Salle artistique d'es-
> crime, 20 *bis*, rue Saint-Benoît, E. Huguet, professeur. —
> James Figg, master of y noble Science of Defence (*par Ho-*
> *garth*). *Réimpression*, etc.

52 — **FERBLANTIERS, PLOMBIERS**. — *Au Gagne
Petit*. **Bois**, marchand ferblantier, *an 14*. — **L.-F.
Henrion**, marchand ferblantier, *an 9*. — **Petey fils**,
plombier, pompier, fontainier, *1821-1824*, 2 pièces.
— Ensemble 4 adresses-factures.

53 — Ferblantiers, plombiers, chaudronniers, fumistes-
poëlliers, etc. — Réunion de 30 pièces, factures et
adresses.

A la Grenouille. La Veuve Vachey, Marchande Plombière,
an 12. — Borrani, poëlier-fumiste. — Bertolini, poëlier,
1825. — Henri Moret, ramoneur juré, Gand., etc.

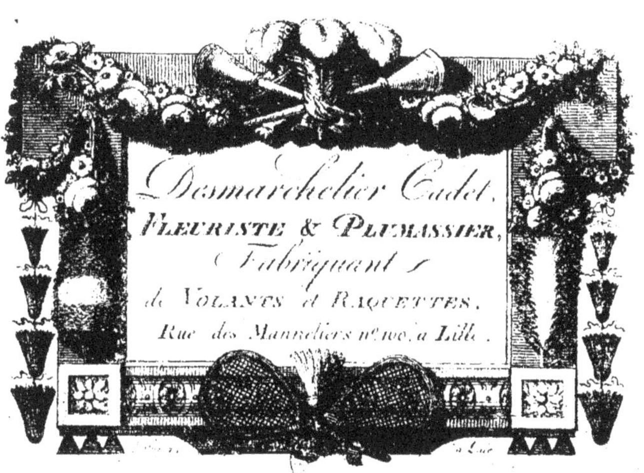

N° 54

54 — **FLEURISTES-PLUMASSIÈRES.** — **Desmar-
chelier Cadet**, fleuriste et plumassière, fabricant de
volants et raquettes, à Lille. Jolie adresse gravée par
Durig.

On y a joint *10 adresses et factures diverses* de fabricants
et marchands de fleurs et plumes.

55 — GALONNIERS, BRODEURS. — *A l'Echarpe de Général.* **H ibe t**, breveté de S. A. R. Mgr le duc de Berry, fabrique et tient magasin de galons, épaulettes, dragonnes, etc., rue du Bacq, n° 17, à Paris.— *A l'Echarpe de Général.* **Hénault**, successeur d'Habert. — *Aux Trois Epaulettes.* **Guittet**, 35, rue Croix-des-Petits-Champs, a Paris. — *Au Comte d'Artois.* rue Saint-Honoré, **Billard**, tient fabrique et magasin de toutes sortes de galons. ., à Paris. — *A la Toison d'Or.* **Sallambier**, rue Saint-Honoré, n° 35, 2 factures, *1815-1817*. — Ensemble 7 pièces.

55 *bis* — *A la Pomme d'Or.* **La Veuve Larbalestier**, marchande de dorures, tient magazin de filé en or et en argent pour galons, rubans, etc. Rue Denis, n° 163, à Paris. — *A l'Aigle d'Or.* **Veuve Lebrun et fils**, fabriquent toutes sortes d'ouvrages d'or et d'argent, rue Saint-Antoine, n° 270, à Paris. — *Au Temps présent.* **Blerzy**, tient fabrique et magasin de dorures et argentures, rue de la Verrerie, n° 91. — 3 pièces.

56 — *Au Roy d'Espagne,* rue du Roule. **Gaudet**, marchand, vend toutes sortes de marchandises de galons d'or et d'argent, pour hommes et pour femmes. A Paris. — Très belle adresse in-fol., avec portrait du Roy d'Espagne. Très belle épreuve.

57 — *Au Soleil d'Or.* **V⁰ Gallot**, tient magasin de galons or et argent... Vieille rue du Temple, à Paris, (gravé par *Bellanger*), *1780 ; 2 ép., dont 1 rognée du haut.* — **Mᵐᵉ Rameau**, brodeuses des Théâtres Royaux (*sic*) des Français et de l'Opéra-Comique, n° 25, rue de Grammont, à Paris. — **Biais aîné**, chasublier-brodeur, fabricant d'ornements d'églises, rue du Pot-de-fer-Saint-Sulpice, n° 4, à Paris.— **D'Allemagne**, brodeur de l'Empereur et Roi, rue des Deux-Portes-Saint-Sauveur, n° 12, à Paris (gravé par *J.-F. Tourcaty*). — 5 pièces.

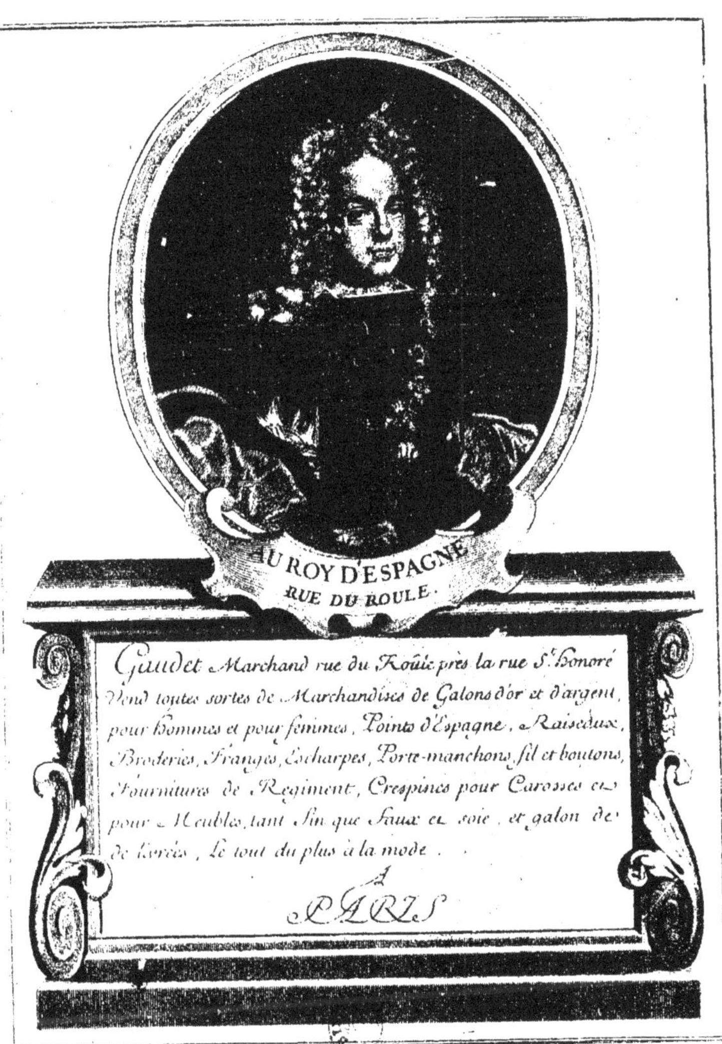
U ROY D'ESPAGNE
RUE DU ROULE.

Gaudet Marchand rue du Roüle près la rue S.t Honoré
Vend toutes sortes de Marchandises de Galons d'or et d'argent,
pour hommes et pour femmes, Points d'Espagne, Raiseaux,
Broderies, Franges, Escharpes, Porte-manchons, fil et boutons,
Fournitures de Regiment, Crespines pour Carosses et
pour Meubles, tant Fin que Faux et soie, et galon de
de Livrée, Le tout du plus à la mode.
A
PARIS

N° 56

58 — **GANTIERS, CULOTTIERS, GUÊTRIERS.** — Réunion de 13 pièces, adresses et factures.

> *A la Vérité.* C. Allou, an 10. — *A la Culotte de peau de renne.* Spiegelhal'e , 182⁵. — *Au Gros Gant,* Boivin — *A la Guêtre.* Sch'y. 1825, etc.

59 — **GÉOGRAPHES.** — **Perrier et Verrier,** géographes du Roi et des Enfans de France, Hôtel de Soubise (*gravée par Croisey*, 2 *adresses différentes.* — **Lattré** et son épouse, pour la gravure des plans typographiques, géographiques, etc. Rue Saint-Jacques (*gravé par Choffard, 1759*) — **Dezauche,** géographe. rue des Noyers. — Ensemble 4 pièces.

60 — *A la Sphère Royale.* **N. de Fer,** géographe de S. M. Catholique et de Mgr le Dauphin. A Paris, dans l'Isle du Palais, sur le quay de l'Orloge. 1705-1722. — 3 pièces différentes (*1 gravée par Guérard*).

61 — Editeurs de Cartes et Appareils Géographiques. — Réunion de 19 pièces.

> Dalencour, ingénieur géographe et graveur, à Paris. (*dess. et gravé par Dalencour*). — *Au Nouvel Atlas, 1808.* — P. Nève, mécanicien pour les globes, à Paris. — Dezauche, géographe. — Picquet. — J. Goujon, etc.

62 — **HORLOGERS.** — Réunion de 24 pièces, adresses factures.

> N. Deranton, horloger, rue St-Honoré, à Paris. — Rieussec horloger du Roi, Paris. — Leroy et fils, horloger du Roi 5 *pièces différentes.* — Greguet, place du Pont-Neuf, quai de l'Horloge, n° 79. — *Au Nègre, 1853.* — Gust. Robert, n° 12, rue de la Marche, Paris. — Maestdagh-Meyers, à Anvers, etc.

63 — **HOTELS ET RESTAURANTS.** — **Grand Hôtel de Richelieu** meublé. Grégoire a l'honneur

de prévenir MM. les Voyageurs, qu'il tient le grand Hôtel de feu Marechal duc de Richelieu, situé rue Neuve-St-Augustin... Belle adresse in-fol., gravée par P. F. Tardieu, d'après L. C. Monroy.

64 — **Chady**, Restaurateur, Hôtel de la Princesse Royale d'Angleterre, rue St-Thomas-du-Louvre à Paris. — *Hôtel des Empereurs*, chez Roubin à la Canébière, à Marseille. — **H. Lesage**, rue Montorgueil, pour les pâtés de jambon, de volailles, etc., à Paris. — Ens. 3 pièces.

65 — Hôtels, Restaurants, Cafés, Brasseries. — Réunion de 45 adresses (3 factures).

> *Hôtel St-Christophe*, Poupon, restaurateur. — *Hôtel de l'Europe*, rue de Paris, au Havre. — *Grand Hôtel des Ambassadeurs*, chez Evrard, à Marseille. — *Grand Hôtel Royal Danieli*, à Venise (*gravé par Aliprandi*). — *Propetto del grande Albergo d'Europa* in Venezia. — *Hôtel St-Antoine*, à Anvers. — *Hôtel des Princes*, à Valenciennes. — *Hôtel Phocéen*, à Marseille. — *Hôtel des Trois-Faisans et des Diligences*, Chalon-sur-Saône. — *Brasserie lyonnaise*, Revel Kropff, rue Rochechouart, 32 bis, à Paris, etc.

66 — **IMPRIMEURS**. — **Sergent**, Me Imprimeur en taille-douce, du Bureau de la Guerre et des Fortifications de Sa Majesté. Demeure rue St-Jacques à Paris. — Très belle adresse du xviiie siècle.

67 — **Roussel**, Imprimeur en taille-douce à Lille (*gravé par Durig*). — Adresse d'imprimeur (*ép. avant la lettre*). — Deux pièces.

68 — imprimeurs artistiques : Lemercier, Delatre, Nys, Gillot, Guérard, etc. — Réunion de 28 pièces, par V. Adam, L. Flameng, H. Somm, J. Beurdeley, F. Rops, Guérard, etc.

69 — **INGÉNIEURS-MATHÉMATICIENS.** — **Férat,** Ing^r en Instruments de Mathématiques, rue de l'Oratoire, n° 146. — **Fahlmer,** mechanicien, à Strasbourg (*gravé par Durig*). — **Passemant,** Ingénieur du Roi, au Louvre, au-dessus de l'Académie Françoise à Paris. — 3 pièces du xviiie siècle.

70 — *A la Sphère d'Or.* Sur le quay des Morfondus. **Chapotot,** ingénieur du Roy, à Paris. — Belle adresse in-4°.

71 — **Le Sr Magny,** Ingénieur pour l'Horlogerie, les Instruments de mathématique, etc., à l'abbaye St-Germain (*Gravé par Ingram, d'après C. Eisen*). — *A l'Observatoire.* **Baradelle,** Ing^r du Roy pour les Instrumens de mathématiques, quay de l'Orloge du Palais, à Paris. — Deux pièces.

72 — **JARDINIERS-FLEURISTES,** décorateurs de jardins, treillageurs, grainiers-fleuristes et pépiniéristes. — Réunion de 13 pièces, adresses et factures.

> *Au Printemps continuel* Prévost, rue de Clichy n° 21. — Angelar, marchand d'arbres à Provins. — Regnault, jardinier-fleuriste du Roi. — Mery Vincent, architecte, batimens et jardins. — Leveque, Menuisier treillageur du Roi.

73 — **LIBRAIRES.** — **De Hansy,** libraire à Paris, sur le Pont au change, à St-Nicolas, *3 p. différentes.* — *Au Grand Racine,* **Garnier,** oncle et neveu, quai de la Grève, n° 8. — **Delrieu,** sous la 1re Colonnade du Vieux Louvre à Paris. — **Carte** de souhaits des libraires de Hambourg, 1800, etc. — 8 pièces.

74 — Libraires, imprimeurs. Réunion de 129 pièces, adresses typographiques, factures, adresses illustrées, anciennes et modernes.

74 *bis* — **LITERIE.** — *Au Grand St-Pierre*, **Tardu**, marchand, tient magasin de laines, plumes, duvets, etc. rue et vis-à-vis le Portail de l'Eglise du petit St-Antoine à Paris. Très belle adresse-facture, datée de 1793. — *Au Panier fleuri.* **Ve Bret**, fab^t de bretelles, jarretières, etc., rue St-Martin, n° 215 à Paris. — Deux pièces.

75 — **MAÇON.** — **De la Ville**, M^tre Maçon, Entrepreneur de Bâtimens, rue Basse-du-Rempart, à Paris. Belle adresse du xviiie siècle.

75 — **MAGASIS DE NOUVEAUTÉS**, adresses et factures. — Adresses de Merciers, bonnetiers, etc. — Réunion de 86 pièces.

77 — **MARCHANDS - DRAPIERS, ÉTOFFES DE SOIE**, etc. — **Au Pacificateur** Napoléon Ier). Magasin de Draps et Nouveautés, rue Honoré, n° 159. Prallet frères. — Curieuse et rare adresse.

78 — *Au Cerceau d'or.* **Vauquier**, rue de la Coutellerie, à Paris, Manufacture et magazin d'Etoffes noires pour deuil et autre usage, *1780.* — *A la Couronne d'or.* **Bourdon**, M^d drapier, rue St-Honoré, *1718.* — *Au Château d'or.* **Compère**, M^d Drapier, rue St-Honoré, *1750.* — Trois pièces.

79 — Marchands-Drapiers, Merciers. — Réunion de 15 factures des xviiie et comm^t du xixe siècles.

A la Pomme d'or. Quatremère, rue St-Denys, *1779.* — *A la Pomme d'or,* rue St-Denis, Thomas, *an 11.* — *A la Teste noire,* rue du Roulle, Benoist et Cie, *1756.* — *A la Fleur de lys d'or,* rue du Roule. Sauvage, *1789.* — *Au Grand Sultan,* Godart. — *A la Ville de Marseille,* Marc-Ant. Gallet, rue Bourg-l'Abbé (*Imp. en rouge*). — *Au Cheval d'or,* rue St-Denis, Perier, *1792.* — *Au Lion d'Argent,* Legras. *6 pièces différentes, 1770-1814,* etc.

80 — Marchands-Drapiers, Marchands de toile, nouveautés, merciers, bonnetiers, etc. — Collection de 85 factures des xviiie et xixe siècles.

81 — Marchands de Draps, de Nouveautés, Etoffes de soie, Toiles, Merciers, Bonnetiers, etc. — Réunion de 244 factures des xviiie et xixe siècles.

82 — *Au Cabat d'Or*. **Germain et Compagnie,** Marchandes de soie en bottes et filés, or et argent, rue St-Denis, à Paris, *1786.* — Curieuse adresse.

83 — *Au Duc de Berry*. **Le Roux et de la Salle,** M^{ds} de toutes sortes d'Etoffes de soye, or et argent. Rue St-Honoré, à Paris. — *Au Page.* **Lallemand,** tient Magasin de toutes sortes d'Etoffes de soye les plus nouvelles. Rue Honoré, n° 84, à Paris. — Deux très belles factures *datées de 1769 et 1797.*

84 — *Au grand Turc.* **Buffault** (puis **Le Normand, Prosper Le Duc et Cie, Frémont et Debonne,** etc.), M^d de toutes sortes d'étoffes de soie, d'or et d'argent, rue St-Honoré à Paris. 8 adresses et factures différentes, de 1768 à 1831. — *A la Couronne Impériale.* **Gay frères,** rue Helvetius, n° 55, à Paris. Facture datée de 1811. — *Au grand Cerf.* **Bertollon** de Lyon. Rue St-Honoré à Paris. — **Corbié.** Rue Richelieu, n° 10, à Paris. — Ens. 11 pièces.

85 — Marchands et Fabricants d'Etoffes de soie, velours, rubans et nouveautés. — Collection de 37 factures du xviiie et com^t du xixe siècle.

> *A la Balayeuse, 1762 et 1807.* 2 p. — *A la Barbe d'or, 1788,* 2 p. — *A la Bonne foi, 1774 et 1789.* 2 p. — *Au Coq d'or, 1829.* 2 p. — *A la Corbeille galante, 1775.* — *A la Croix d'or, 1775.* 2 p. — *Au Croissant d'or, 1778 et*

179 2. 2p. — *Au Lion d'argent, 1759, 1767 et 1789. 3 p.* —
Au Page. 1806 à 1831. 4 p. — *A la Perle, 1823.* — *A la
Reine d'Espagne, 1822 et 1831. 3 p.* — *A la Toison d'or,
1772 et 1807. 2 p.* — *A la Ville de Lyon, 1786.* — *A la
Victoire, 1775,* etc.

85 — MARCHANDS d'ESTAMPES, ANTIQUAIRES.
— **Moïtessier,** M[d] d'Estampes, sous la porte Royal
(sic) du Luxembourg, à Paris (*Gravé par J. B.
Louvion*). — **Alibert,** M[d] d'Estampes, peintre et
doreur, rue Froimanteau à Paris. — **Remoissent,**
M[d] de tableaux et d'Estampes, quai Voltaire, n° 12,
à Paris. — **Bance,** M[d] d'Estampes rue du Petit-Pont,
à Paris. — Ens. 4 pièces du xviii[e] siècle.

87 — *A la Ville de Rome.* **Gautrot,** Marchand à Paris,
quay de la Mégisserie, vend et achète toutes sortes de
Tableaux, Portraits, Desseins et Estampes, 1737. —
Jollain (François) l'aîné, marchand, graveur et
libraire, rue St-Jacques. — Ens. 2 pièces.

88 — Magazin d'Estampes, rue St-Jacques, *Au Cocq.*
Jacques-Simon Chereau : Tient un Fond considérable de Gravure, en tout genre, Estampes propres à
encadrer, Estampes à Porte-feuille, etc. A Paris. —
Belle pièce du xviiie siècle.

89 — **Vincent Gotti** et Comp., Négociants en Tableaux,
Peintres à l'huile et à l'encaustique ; et **Pierre
Boccini** et Comp., Sculpteurs en tout genre, Florence,
rue Valfonda, n°s 30 et 31. — **Constantin,** tient
Magasin de Tableaux, Desseins, Gouaches, etc.
Quay de l'Ecole, n° 4, à Paris. — *Au Czar.* **Pierre
Legrand,** M[d] de Tableaux et Objets d'Art, Passage
des Panoramas. — 3 pièces.

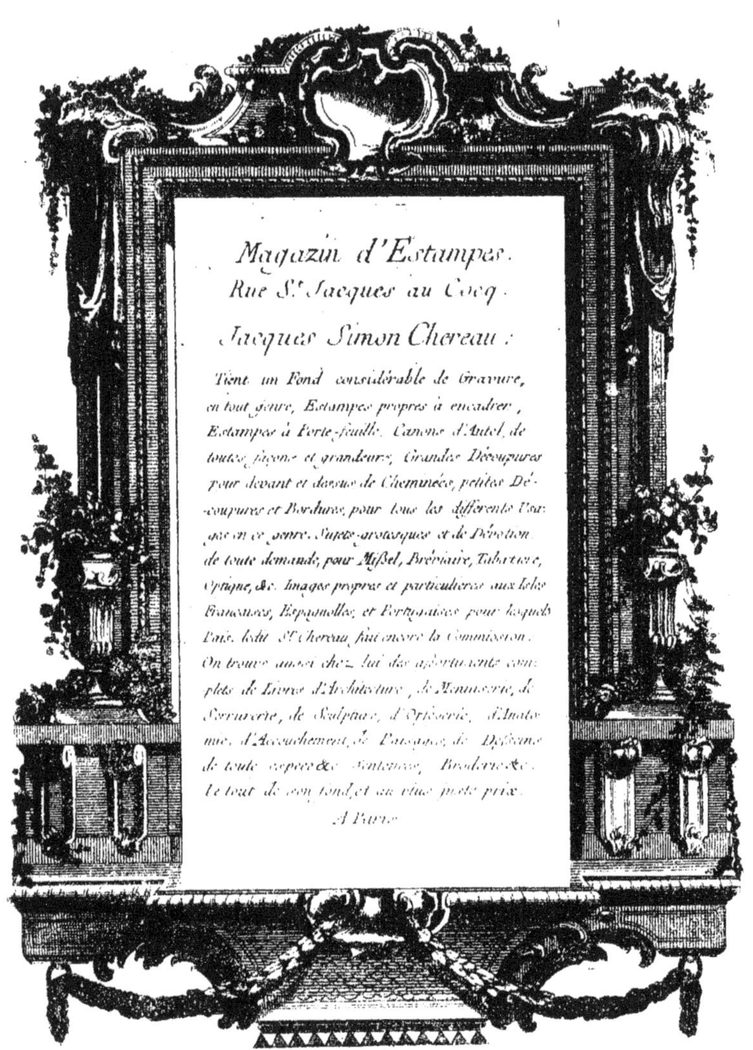

Magazin d'Estampes.
Rue St Jacques au Cocq.
Jacques Simon Chereau :
Tient un Fond considérable de Gravure,
en tout genre, Estampes propres à encadrer,
Estampes à Porte-feuille, Canons d'Autel, de
toutes façons et grandeurs, Grandes Découpures
pour devant et dessus de Cheminées, petites Dé-
coupures et Bordures, pour tous les différent Usa-
ges en ce genre, Sujets grotesques et de Dévotion
de toute demande, pour Missel, Bréviaire, Tabatiere,
Optique, &c. Images propres et particulieres aux Isles
Françaises, Espagnolles, et Portugaises pour lesquels
Païs, ledit St Chereau fait encore la Commission.
On trouve aussi chez lui des assortimens complets de Livres d'Architecture, de Menuiserie, de
Serrurerie, de Sculpture, d'Orfèvrerie, d'Anato-
mie, d'Accouchement, de Paysages, de Desseins
de toute especes &c. Fontaines, Broderies &c.
le tout de son fond, et au plus juste prix.
A Paris

N° 88

90 — Adresses de Marchands et Editeurs d'Estampes,
Antiquaires, du xixe siècle ; Etiquettes des xviiie et
xixe siècles ; Factures. — Collection importante de
185 pièces.

91 — **MARINE.** — **Manufacture des Cit. Guilliard
père et fils** en fers ouvrés pour le service de la
Marine. Belle adresse gravée par GAUCHER. d'après
GUILLAUD.

92 — **MÉDECINS, SAGES-FEMMES, HOPITAUX,**
etc. — Réunions de 14 pièces anciennes et modernes.
M. de Launay, chirurgien juré, à Paris, rue d'Anjou. —
J. Giraudeau de St-Gervais, docteur-médecin, rue Richer,
n° 6 bis. — Mme Thorel, sage-femme, faubourg St-Martin,
33. — Hôpital général de la Charité, de Lyon. Aumône
général et enfans-trouvés de Lyon. Certificat de reddition
d'Enfant, 12 Germinal An 8. — Société médicale d'Emula-
tion de Paris. Diplôme de membre associé, 1815. —
Grand Hospice d'Humanité, ci-devant Hôtel-Dieu de Paris.
Certificat d'Études de chirurgie. (Gravé par Masquelier. —
Régie N^{le} des Hôpitaux Militaires. (Gravé par Godefroy). —
Hospices des Orphelins. Certificat d'origine, 1838. — L'Art
de guérir des hernies ou descentes, le Sr Ant. Dumas, chirurgien, Dijon. 1781, etc.

93 — **MENUISIERS**. — Adresse de **Roubo**, menuisier.
Gravé par BERTHAULT. — **Periac**, M^{tre} Menuisier,
rue des Marais à Paris. — A l'Image de Notre-Dame,
rue du faub^g St-Antoine, **Le Grand**. Maître à Paris,
fait et vend toutes sortes de Meubles. 1700. — Ens.
3 pièces.

94 — **MERCIERS.** — A la Providence, rue Ste-Margue-
rite, **Lemoyne**, tient magasin de Mercerie, A Paris,
1757. — A la Bergère. **Bouvier et Bouchard**,
marchands, rue Mercière, à Lyon, vendent toutes
sortes de mercerie. — 2 pièces.

95 — **MESSAGERIES, ROULAGE, COMMISSION-NAIRES.** — Réunion de 75 factures et adresses.

> *A la Garde de Dieu* . Loys puiné, rue de Beaurepaire. — *A l'Ange gardien.* Guinet et Leloup, entrepreneurs de roulage. — *A la Ville de Lille.* Bricard et Cⁱᵉ. — Isaac Vital et fils, négociants et commissionnaires à Calais. — *Aux Villes de Lyon et d'Anvers.* Faure Beaulieu — De Lanoye, courtier près la Bourse de Paris. — Gérard, courrier du Commerce. — *A la Ville de Lorient.* Bonnet et Bazin, etc.

96 — **MINES.** — Réunion de 4 pièces.

> Lettre autographe de l'ingénieur en chef, professeur de Minéralurgie à l'École pratique des Mines. *Paris, an XII* (vignette en-tête gravée). — Fonderie et ateliers de construction de machines de A. Hallette et Cⁱᵉ, à Arras *1834.* — H. Eyquem, propriétaire des mines de Sessel et Pyrimont — Exploitation des marbres des Pyrénées. A. Géruzet, à Bagnères-de-Bigorre.

97 — **MODES, NOUVEAUTÉS.** — *Au Nœud galant,* rue de l'Echelle St-Honoré à Paris, Magasin de Modes de Mᵐᵉ la Comtesse d'Artois, *1779.* — **Herbault,** breveté de S. M. l'Impératrice de toutes les Russies, rue Neuve-St-Augustin, nº 8, à Paris, tient magasins de modes et nouveautés, corbeilles de mariage, etc., 1817. — Deux jolies adresses-factures.

98 — *Fourni par* **Mˡˡᵉˢ Gosset,** Mᵈᵉˢ de Modes, Au Protecteur des Arts, Rue de l'Ancienne-Comédie-Françoise à Mʳ le Duc de la Force, *le 26 janv. 1790.* — Facture in-fol.

> Intéressante pièce. Sur cette facture figurent 4 cocartes pour le prix de 15 livres.

99 — Modes, Couturières, Lingères, Fabriques et Magasins de Dentelles et Layettes, Trousseaux, etc. — Réunion de 32 pièces, adresses et factures.

> *A la duchesse d'Orléans,* Cour Neuve du Palais. Courtier,

1766. — *A l'Orme St-Gervais,* Lesould neveu, à Pari ,
178 4. — *A la Picarde,* rue St-Honoré, rue Vivienne et rue
St-Denis. *4 p. différentes, 1803-1813.* — *A la Balaveuse.*
Mlle Houel, marchande-lingère de la Cour, à Paris. —
Mme Larochelle, marchande de modes et nouveautés de
S. M. la Reine des Français, rue Richelieu, n° 93, à Paris·
etc.

100 — Modes, Couturières, Lingères, Dentelles, Nouveautés, etc. — Réunion de 35 pièces, adresses et
factures, des xviiie et xixe siècles.

> Magasin de Nouveautés de Ph. Flacheron, à Lyon. —
> Mme Oudin, tient magasin de lingeries. — *A l'Irlandaise.*
> Mlle Delatouche, lingère. — Mme Heutte Larcher, couturière
> de S. A. R. Mme la Duchesse d'Orléans. — M. Gaitte, cou-
> turière. — Pharond Dupré, fabrique de bas. — Oudot,
> linger du Roi. — Mme Messier, marchande de nouveautés,
> *1826,* etc.

101 — **OPTICIENS, FAB^ts DE COMPAS ET BOUS-
SOLES, BALANCIERS-MÉCANICIENS.** — Réunion de 18 pièces, adresses et factures.

> *A l'Aigle d'or.* Hœring, opticien, Palais du Tribunat —
> G. Dixey. Optician, London. — Richebourg, opticien *gravé
> par Maurisset.* — Vachon, faiseur de compas à Honfleur —
> Bernier, Au Niveau, à Paris. — Franç. Legois. Me Balancier,
> à Paris, etc.

102 — **ORFÈVRES, JOAILLIERS, BIJOUTIERS.**
— *A la Gerbe d'or,* rue St-Antoine. **Dessemet,**
Marchand-Orfèvre Joyaillier. Belle adresse du xviii^e
siècle. Belle épreuve ancienne.

> On y a joint les adresses de Pilet, marchand orfèvre et
> graveur, de Jacques Thierce, orfèvre, à l'Aiguierre d'or, et
> de Dessenet, à la Gerbe d'or, soit 3 pièces, épreuves en
> *tirage postérieur.*

103 — *Aux Attributs d'Eglise.* **Mortet,** marchand
orfèvre joiaillier, à Caen. — **Mortet,** marchand
orfèvre joallier-bijoutier, place Notre-Dame à
Bayonne. — Deux pièces gravées par *Ransonnette.*

104 — *Aux Quatre colonnes*, quai des Orfévres, n° 17. **Benoist**, Mᵈ Orfèvre Jouaillier, à Paris. — Belle et intéressante adresse-facture de fournitures pour la Stᵉ-Chapelle de Paris, datée de 1791, et s'élevant à la somme de 21,071 Livres. In-fol.

105 — **Biennais**, orfèvre de S -M. l'Empereur et Roi. — Adresse-facture de fournitures pour le service de S. A. R. Mᵐᵉ la Princesse Pauline (sœur de Napoléon Iᵉʳ). Belle et précieuse pièce, *datée de 1811, portant la signature autographe de Pauline Borghèse.*

106 — Orfèvres, Joailliers, Bijoutiers. Belle réunion de 3o pièces des xviiiᵉ et xixᵉ siècles.

> *A la Tête noire*, Cousinet, marchand orfèvre-bijoutier, 1788. *Facture.* — *Au Soleil de diamans*. Boucher. Orfèvre-joaillier-bijoutier; *Facture, an II.* — Fabrique de bijouterie du Sʳ Henry à Lille. —Jacquart, rue du Roule n° 17, à Paris. — Biennais, fabrique d'orfèvrerie, *3 p. différentes.*—Gandais, orfèvre-plaqueur du Roi. — *Au Soleil d'or*, Bertrand-Paraud, orfèvre breveté. — Odiot, manufacture et magasin d'orfèvrerie à Paris. — R. Janisset, joaillier-bijoutier, ordʳᵉ du Prince-Président, e.c.

107 — Orfèvres, Joailliers, Bijoutiers. — Réunion de 3o pièces, adresses et factures.

108 — **PAPETIERS**. — *A l'Image Notre-Dame*, **Jollivet**, rue de Bucci, Marchand Papetier; **Maroy**, rue de La Harpe; **Reveillon**, etc. — Réunion de 15 pièces différentes, à l'enseigne de l'*Image Notre-Dame*.

109 — *A l'Image Ste-Geneviève*, **Jollivet et Robert**. — Réunion de 8 adresses différentes.

110 — *A la Teste noire*, **Larcher**, **Furgault**, **Brou**, **Percheron l'aîné**, etc. — Réunion de 15 pièces différentes, à l'enseigne de *La Tête noire*, *à Paris et à Rouen*, des xviiie et comm^t du xixe siècles.

111 — *A la Teste noire*, rue de la Verrerie, **Larcher**, Marchand Papetier, *1745-1756*. — Réunion de 10 pièces, épreuves en double.

112 — *Au Griffon*, rue de Bussy, **Cabaret**, marchand. — *Au Griffon d'or*, cloître St-Germain-l'Auxerrois. **Niodot fils**, M^d Papetier. — *Au Grand Aigle*. **Coiffier**, M^d Papetier, rue du Coq, n° 9, etc. — Réunion de 19 adresses illustrées et typographiques.

113 — *Au Roy de France*, rue Montorgueil, à Paris, *1719*. — *Papier fin*, très excellent fin, fait par **Mre Jean Gaudin**, au Grand Moulin du Got, à la Couronne, à Angoulème. — Deux pièces, *la 2e imp. en rouge (un peu fatiguée)*.

114 — Marchands-Papetiers. — Réunion de 14 adresses anciennes.

> *Au Saint-Esprit*, Aug. Grimout. — *A la Sagesse*, Bougy *(ép. restaurée)*. — *Au Soleil d'or*, Doyen. — *Au Temple du Goût*, Chéron *(gravé par E. Maucler)*. — *A l'Image St-Etienne*, Lavallard. — *A la Ville de Versailles*, Delormoy et Jaillot, etc.

115 — Marchands-Papetiers. — Réunion de 17 adresses illustrées et typographiques.

> *A l'Ordre du St-Esprit*, La Chapelle. — *A la Justice*, Basan. — *Au Petit Courrier*, Astruc. — *A la Petite Romaine*, Chastelain. — *A la Providence*, Blavy, etc.

116 -- Marchands-Papetiers. — Réunion de 13 pièces.

A l'Ancre Royal, Godin, 1769. — *Aux Armes de S. A. S. Mᵐᵉ la Pᵉˢˢ de Conty*, Reveillon. — *Aux Armes de France et de Navarre*, Latizeau, 2 p. — *A la Cour Royale*, Petit. — *A l'Empereur*, Debord. — *A la Duchesse d'Orléans*, Signd, *1762*. — *A l'Empereur*, Renault. — *A l'Enfant Jésus*, Deslauriers, etc.

117 — Marchands-Papetiers. — Réunion de 78 adresses typographiques et factures anciennes.

A l'Aigle couronné. — Au Chateau de Chantilly. — Au Chant de l'Alouette. — Au Coq-Honoré. — Au duc de Lorraine. — A la Flotte d'Hollande. — Au Griffon. — A la Renommée. — Au Soleil d'or. — A la Vertu. — A la Toison d'or. — Au Cygne couronné. — Manufacture de papiers peints des citoyens Arthur et Robert, rue des Piques, *1793*. — Le Rouge, manufacture de papiers peints, *au 10*, etc.

118 — Marchands-Papetiers, Fabricants de papiers peints, etc. — Réunion de 56 pièces, adresses et factures diverses.

Susse, papetier de S. M. l'Impératrice et Reine. — Lavallard, marchand papetier, rue Saint-Honoré. — Manufacture de Monchablon, magasin de papiers peints, Bd Richelieu (*gravé par Lemaire*), etc.

119 — **PARAPLUIES, CANNES, ÉVENTAILS.** — Fabricants et Magasins de parapluies, ombrelles, cannes, éventails, etc. — Réunion de 16 adresses et factures.

Au Grand Balcon, Combes-Papon, fabricant de parapluies, rue Dauphine, n° 54. — *Au Goût du jour*, Laporte, marchand-fabricant de parapluies, rue Neuve-des-Capucines, n° 17. — *Au Petit Poulain*, Verdier, tient magasin de cannes, fouets, parapluies, rue Richelieu, n° 95, *1823*. — Alexandre, éventailliste, fournisseur de S.-M. l'Impératrice des Français, etc.

120 — **PARFUMERIE.** — **Carnet d'Échantillons, Oudan et Durand, de Paris.** In-fol. obl., mar. vert à long grain, dent. sur les plats, recouvrement à serrure. (*Rel. anc.*)

> Précieux carnet d'échantillons de l'époque de la Restauration, d'objets de parfumerie : flacons de parfums, pots et boites de pâtes, poudres, pommades, cosmétiques, fards, coffrets, sachets, etc, renfermant 230 modèles exécutés au lavis avec étiquettes illustrées, gravées et imprimées en couleurs.

121 — **V. et J. Chaulier et Comp^e, fab^{is}** de savons à Marseille. — **Eau de la Paix** de Claude Brun et Comp^e, distillateurs-chimistes à St-Marcellin. 2 ép. (dont 1 sans lettre) — **Eau de la Paix.** Liqueur superfine par un amateur. — Ens. 4 pièces. les 3 premières gravées par **Choffard**, *1801-1802.* (le 4e est gravée en contre partie de celle de Choffard).

122 — **Eau de la Paix de Claude Brun et Cie.** — 6 épreuves *sans la lettre*.

123 — **Naquet et Cie** à Paris. Huile de Macassar pour l'entretien et la beauté des cheveux. — Nouvelle découverte. Fluide de Java, importé des Colonies Hollandaises par Gluberg, chimiste (*Imp. de F. Didot*). — *Crème d'Amendes amères.* Savon cosmétique, inventée par **Demarson,** parfumeur, rue de la Verrerie, n° 95, à Paris (*Lith. de F. Goy*). — *Pommade de Chérubin* pour maintenir les cheveux bouclés et frisés, composée par **Giret,** chimiste parfumeur, Palais-Royal, n° 132 (*Imp. de Decourchant*). — **Mayer, Naquet et Cie,** Palais-Royal. n° 132. Eau persanne des Bayadères. (*Imp. de F. Didot*). — *Par brevet de perfectionnement* de S. M. l'Empereur et Roi. Dépôt de l'eau admirable dite Eau de

Cologne de J. B. P., à l'Abeille (*Imp. de Gillé, 1805*), etc. — Ens. 7 belles pièces gr. infol. en haut. (5 *coloriées*.

124 — Étiquettes de Parfumerie. — Réunion de 184 petites pièces en nombre, *imprimées en couleurs* (quelques-unes en noir).

125 — Parfumerie. Adresses, étiquettes, factures. — Réunion de 215 pièces anciennes et modernes.

> V° Fargeon et fils, Parfumeurs de S. M. l'Impératrice, rue du P^ale, n° 11, à Paris. — A. Prevost, 51, R. Richelieu. *8 pièces différentes.* — Raioaud l'aîné, marchand gantier-parfumeur à Grasse. — *Aux Armes de France.* Lubin, parfumeur distillateur de S. A. R. Mgr le duc d'Angoulême, *1817*. — *Aux Armes de Napoléon le Grand.* Eau de Cologne des Souverains. — Eau de Cologne véritable de Jean Marie A. Farina et Cie. — *A la Reine des Fleurs.* Pommade des Francs, composée par Dis-ey et Piver. — *A la Reine des Abeilles.* Violet. — Eau des Grâces, composé par Bazin. — etc.

126 — **PASSEMENTIERS, GALONNIERS, BRODEURS. TAPISSIERS**, etc. — Réunion de 38 factures des XVIIIe et XIXe siècles.

127 — **PHARMACIENS, APOTHICAIRES.** — *A la Grande Coquille d'Argent.* **Lecourt,** M^d épicier et Apothicaire du Roi, rue St-Martin, à Paris. Adresse-facture *datée de 1785.* — **Gallois,** M^d de Sangsues, rue Royale St-Martin, n° 32, à Paris. Adresse-facture *datée de 1838.* — Deux pièces.

128 — Adresse pour un Apothicaire (L. S.), gravée par *L. J. Masquelier.* — 6 pièces de compositions légèrement différentes.

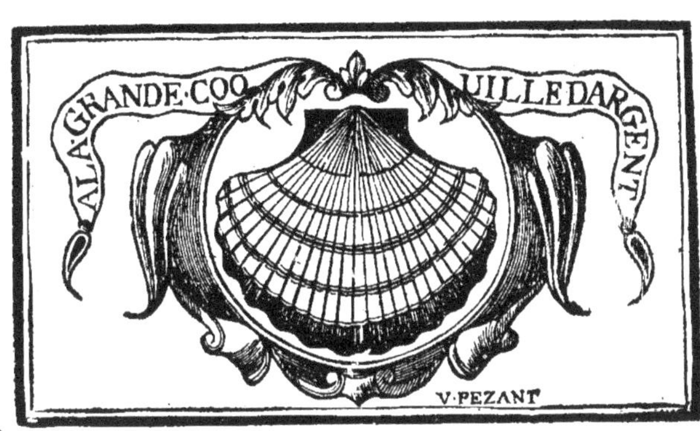

Rue Saint-Martin, proche Saint-Nicolas des Champs, entre les rues Aumaire
& Jean-Robert.

LE COURT, Marchand Epicier & Apothicaire du Roi, vend toutes fortes d'Epiceries, Drogueries & Apothicaireries; tient auffi fabrique
de Chocolat de Santé & à la Vanille. Le tout à jufte prix.

À PARIS, ce *19 avut 1780.*

	177 Livres	Sols	Den.
Livré à Monfieur Sauvagot			
20 8 De Mechis fieur d'prepare			
a 20 la ·	410	o	
6 De Belle Bougie affortÿ a 58	17	8	
	427	8	

Reçu Comptant,

N° 127

1 29 — Adresses de Pharmaciens, des XVIIIᵉ et commᵗ
du XIXᵉ sièc'e. — Réunion de 19 pièces.

> *A la Tête Noire*. Fr. Andry, Marchand épicier droguiste,
> rue de la Harpe, 1758 (gravé *par Papillon*). — Pia et Cadet,
> apothicaires de Paris, rue du Four. — Pharmacie de l'Hos-
> pice National. — Cluzel et Seguin, apothicaires de S. A. R.
> Mᵍʳ le Duc d'Orléans. — *Aux Palmiers*. Delécorce, phar-
> macien-droguiste, rue de l'Arbre-Sec. — Verlon, apothi-
> caire. — *Aux victimes du Mercure*. Boyveau Laffecteur. —
> Pharmacie Impériale. — Giraud, pharmacien, à Grenoble,
> etc.

1 3o — Thèse de pharmacie, *1703*. (*Gravé par
Cl. Duflos, d'ap. Séb. Le Clerc*). — Diplôme de
Pharmacien, Ecole de Pharmacie de Paris. — Adresses de Pharmaciens ; *3 dessins*. — Prospectus et
factures des XVIIIᵉ et XIXᵉ siècles, etc. — Ens. 37
pièces.

1 3 1 — **Étiquettes de Pharmaciens**, la plupart en
planches, des XVIIIᵉ et XIXᵉ siècles. Réunion de
18 pièces.

> Pia et Cadet, apothicaires associés, rue du Four ; Borde-
> Baumé, rue Saint-Honoré, nᵒ 6 ; Sage-Danzel, apothicaire,
> rue de Bussy, nᵒ 9 ; Lemonnier, pharmacien, rue de la
> Pépinière, nᵒ 8 ; Faulcon, pharmacien, rue Royale, 23, à
> Saumur, etc.

1 32 — **Étiquettes de Pharmacie**. Réunion de 39 pièces
du XVIIIᵉ siècle et commencement du XIXᵉ.

1 33 — **PORCELAINES**. — *Au Roy David*. **Du Puis**
tient magasin de porcelaines des Indes et de France.
— Jolie adresse-facture *datée du 25 aoust 1782*.

134 — Manufactures de Porcelaines et Cristaux, Marchands Faïenciers. Réunion de 38 pièces, adresses et factures, des XVIIIe et XIXe siècles.

A l'Escalier de Cristal. Mme Veuve Desamand, Palais Royal. — Duban, marchand mercier-fayancier, rue Coquillière, *1793.* — *A la Pie,* Gilbeit, marchand faïancier. — P. L. Dagoty, boulevard Poissonnière, *1807.* — *A l'Epreuve du feu.* Marc Schœlcher, *1821,* etc.

135 — **QUINCAILLIERS.** — *Aux Tois Marcs.* **Titeux,** marchand à Paris, quay de la Mégisserie, vend toutes sortes d'assortimens d'outils pour les serruriers, menuisiers, orphevres, etc. A Paris, *1795.* — *Aux Trois Marcs.* **Henriot,** quai de la Mégisserie, *1776.* — 2 pièces.

136 — *A la Réunion des Arts,* rue Saint-Martin, tient magasin de quincailleries. — *A la Flotte d'Angleterre,* rue de la Barillerie, **Hamelin** tient magasin d'outils de toute espèce, pour les Arts et Métiers, *an 12,* etc. — 3 pièces, dont *1 avant lettre.*

137 — **RELIEURS ET DOREURS DE LIVRES.** — Réunion de 24 pièces anciennes et modernes.

Aux Armes d'Orléans. Tessier, rue de la Harpe. *2 adresses différentes.* — *A la Chercheuse d'Esprit.* Fournier, libraire et relieur de la Reine. — Bradel l'aîné, relieur et doreur de livres, de la Bibliothèque Impériale. — Reliure mobile, chez M. Quiney et M. Fauqueux. — Perrin, relieur et doreur de livres, à Yer, entre Brunois et Villeneuve-St-Georges, etc.

138 — **SEL.** — **Débit de Sel.** Enseigne coloriée de la Révolution. — **Burland,** marchand de sel. Facture 1815. — 2 pièces.

139 — **SERRURIERS, QUINCAILLIERS.** — Réunion de 23 pièces, adresses et factures, des xviiie et xixe siècles.

> *Au Marc d'Or*. Viard, marchand quincaillier, quai de la Féraille, n° 2; *1842*. — *A la Gerbe d'Or*. Boulanger fils aîné et Cie, rue Saint-Denys, *1786*. — *Aux Forges de Vulcain*. Peigné, *1845*. — *Aux Trois Marchands*. G. Pillon, *1742*, et la Veuve Boutillier, *1769*, 2 p. — C. Le Paul, serrurier-mécanicien, *1839*. — Dufour, serrurier, *1822*. — Leiris serrurier-mécanicien, etc.

140 — **TABACS.** — **Manufacture de Tabac des sieurs Robillard**, oncle, neveux et Cie, Hôtel Longueville, rue Grange-Batelière, à Paris. — Belle adresse-facture *datée de 1808*. In-fol.

141 — Réunion de 19 pièces, la plupart anciennes.

> Adresse *avant lettre*, par *C. S. Gaucher*, an VIII. — *Au Fumeur Perpétuel*. Lancret, à Lille. — Brck, Bayer et Cie, à Huttenheim, Bas-Rhin. — Blaize et Comp. à Nancy. — B. de L. David. Tabac Scaferlati. — C. Koningx et Cie à Bruxelles. — *A la Carotte d'Or*. Discry, Paris, *1813*. — A. Welling, Brighton, etc..

142 — **TABACS** — Adresses diverses modernes. — 31 pièces.

143 — **TABLETTERIE.** — *Au Singe Vert*. **Vaugeois**, marchand, rue des Arcis, vend tabatières d'or pour hommes et dames, étuis d'or..., jeux de quilles des Indes, de Cavagnolles, domino, damiers, échecs..., à Paris. — 2 pièces différentes.

144 — **Jean Artus le jeune**, marchand tabletier, rue Salle-au-Comte, *Au Grand Mogol*, à Paris. — *Aux trois Singes*, passage du Théâtre de la rue Feydeau, n° 21. **Darbo** tient magasin de tabletterie à Paris. — *Aux Trois Frères*, milieu du quay Pelletier. **Aufrère**, marchand tabletier du Roi et de la Reine. --

Au Cardinal Du Perron. **Duperron**, marchand tabletier, rue des Arcis, à Paris. *2 pièces différentes.*
— Ensemble 5 pièces.

145 — Fabricants et marchands de tabletterie, fabricants
de nécessaires, etc. — Réunion de 25 pièces, adresses
et factures.

> *A l'Y grec.* Chardin, *1769.* — *Au Nécessaire Français.*
> M. Maire, *1814.* — *Au Singe bleu.* Mignon, *1836.* — Le
> gros de Londres, Palais Royal, *1839.* — Le Citoyen Bar
> doux, *an 3.* — Ronjon, *1812*, etc.

146 — **TAILLEURS.** — Réunion de 36 pièces, adresses
et factures.

> Bizarry, tailleur breveté de S. A. R. Mgr le duc d'Orléans
> à Alger. — H. Pierlé, à Gand. — Ferrandon, galerie de fer,
> boulevard des Italiens, n° 19 — Lannollier aîné, fabricant
> de draps, à Carcassonne. — Hymann, n° 83, rue Neuve des
> Petits-Champs, *1844.* — *A l'Amazone.* Delallée et Cie, Ga
> lerie Vivienne. — Schrader, tailleur de S. M. l'Impératrice,
> 76, rue Richelieu, *1861*, etc.

147 — **TAPISSIERS.** — Réunion de 12 pièces.

> *Lettre de Maîtrise* des maîtres-marchands tapissiers et
> courtepointiers de la ville et fauxbourgs de Lyon, *1755.* —
> Mariette Gellot, fait tout ce qui concerne la tapisserie, à
> Vienne. — Egger aîné, tapissier, rue des Fossés-Saint-Ger
> main-l'Auxerrois, n° 30 à Paris. — Dablin, tapissier, rue
> Royale. — Léger, tapissier de Paris, à Lyon. — Dumas,
> tapissier, rue Montorgueil, n° 98. — Manufacture royale
> d'Aubusson, etc.

148 — **TEINTURERIE.** — Adresses et factures. —
Réunion de 21 pièces anciennes et modernes.

149 — **VIDANGES.** — Réunion de 7 pièces, factures et
adresses.

> Entreprise de vidanges perfectionnées. Rieux et Ci, *1829.*
> — Mémoire de vidange, *1809.* — Bureau de vidange. Hou
> gardy, *1839.* — Entreprise Générale des fosses mobiles
> inodores de la compagnie Cazeneuve, etc.

150 — **VINS.** — Vᵉ **Le Caux et Cⁱᵉ**, tiennent vins de tous les crus, de la Champagne, de la Bourgogne, etc., à Soissons. — Belle adresse gravée par *Levasseur*, d'après *Monnet*.

151 — Distillateurs, liquoristes, propriétaires de vignobles, marchands de vins, tonneliers, etc. — Réunion de 40 pièces, adresses, factures, étiquettes, anc. et mod.

> *Quittance de Capitalisation* du Corps des marchands de vins, *1774*. — J. M. Lapeyre, distillateur, à Vic-Fezensac (Gers). — Berranger, tient Magasin de Vins fins, rue du faubourg Saint-Honoré n° 7, à Paris. — Mᵐᵉ Vᵉ Brion, tonnelier, rue du Plâtre-Saint-Jacques n° 9, à Paris. — Extrait d'absinthe de Kanaps et Cⁱᵉ, à Neufchâtel. — Elixir d'Amour de Rossat et Jaquemet, à Voiron. — Liqueur des braves, Lejouteux et Cⁱᵉ, Bordeaux, etc.

152 — Etiquettes de liqueurs, élixirs, etc. — Réunion de 82 pièces en noir et *coloriées*.

> Eau des Amis de la Liberté ; Nectar de la Chartre de 1830 ; Liqueur de la Fraternité ; Petit lait d'Henri IV ; Crème à la Girafe ; Elixir Cochinchinois anti-choléra morbus ; Nectar lyonnais ; Petit lait du duc de Bordeaux ; L'Esprit de Napoléon ; Liqueur des Amours ; Nectar de Dames ; Crème de Cornette ; Liqueur de la pucelle ; Eau du chasseur ; Crème de Jeanne d'Arc ; Crème de cocu.

153 — Etiquettes de vins et spiritueux, liqueurs, etc. Réunion de 248 pièces, la plupart en chromolithographie. — Factures de marchands de vins et liqueurs, distillateurs, etc. 27 pièces. — Ensemble 275 pièces.

154 — **ADRESSES DIVERSES.** — Adresses de Vᵉ J. Goyart, de G. L., (2 *états*) ; et de l'ingénieur Chevalier ? — Ensemble 4 belles pièces, *épreuves avant la lettre*.

155 — **Adresse de Balzac**, brodeur du Roy, *épreuve avant toute lettre*. — **Adresse de Pharmacien** (*Nunc et Balsamo*), 1784. — **Adresse d'un Opticien?** 1802 (ép. *avant la lettre*). — Ensemble 3 pièces, gravées par *Choffard*.

156 — **D. Joseph Lachez-Bedar**, Négociante en Lillas en Flandes (*gravé par Durig*). — *Au Grand Hercule*, à Lille. — **Vankoenacker frères**, à Lille. — **Faucille et Moran**, Négociants à Lille. — **Henriot frères et C**ie, négociants à Rheims. — **P**r **Bouys et C**o, négociants à Montpellier. — **A. Meyran et C**ie à Toulouse, etc. — Ensemble 8 pièces.

157 — **Fabriques de Lyon**. — Antoine Guerrier, à la Coste Saint-Sébastien, aux Trois Colombes couronnées. (*dess. par T. Blanchet, gravé par Thourneyser, 1674*). — Guillaume Puylata (*gravé par Thourneyser, 1675*). — Fabrique de dorures fines de **Desvignes, père et fils**. — **Julien Rigod**, maître et marchand tireur d'or. — Fabrique de fil d'or et d'argent de **Benoît Charpin**, etc. — Ensemble 6 pièces.

158 — **Maison de B.-M. Dabot**. Gravé par Simonet, d'après Maréchal. 2 épreuves, dont *1 avant la lettre*.

159 — **Carte d'adresse** gravée par Choffard (?) Jolie pièce. 2 épreuves, *dont l'une à l'état d'eau-forte pure, et avant la lettre*.

160 — **Adresses du XVIII**e **siècle**. — 2 belles pièces, épreuves *avant toute lettre*.

161 — **Adresses diverses anciennes avant la lettre**. — Réunion de 19 belles pièces.

162 — **Adresses diverses**. — Réunion de 18 pièces anciennes.

> *A la Fleur de lys. — A l'Ange Gardien. — A Sainte-Geneviève. — Au deux Provençaux. — Au Mouton. —* M. Brûlé, cloître Saint-Benoît, à Paris. — Labiche, rue de Sèvres, n° 143 à Paris, etc.

163 — **Adresses diverses :** Artificiers, constructeurs de navires et machines, gymnases, fabricants de produits chimiques, pelletiers-fourreurs, emballeurs, etc. — Réunion de 42 pièces des xviii° et xix° siècles.

> Maison Charoy fondée en 1745, artificier du Roi. — Seguin père, artificier, rue Dauphine à Paris. — J. de Landtsheer, constructeur de navires à Gand. — Entreprise générale des bateaux à vapeur *L'Aigle.* — Gymnase Triat, etc.

164 — **Adresses illustrées**, belges, allemandes, italiennes, etc. — Réunion de 250 pièces.

165 — **Factures** de fournitures faites au *Prince de la Moskowa (1836-1841).* — 6 pièces.

166 — **Factures diverses**. Lot de 170 pièces des xviii° et xix° siècles.

167 — **THÉATRE, MUSIQUE, DANSE. — Abonnement aux spectacles de Lyon**, *1775 (gravé par Joubert, Lugd. 1771).* — **Théâtre des Terreaux**. Abonnement personnel, Lyon, 1er germinal *an 9.* — Ensemble 2 belles pièces, in-4° en larg.

168 — **Affiches de théâtre du XVIII° siècle et de l'Empire.** — *Les Comédiens de la Nation* donneront, aujourd'hui lundi 1er octobre 1792, une représentation de *Nicodème dans la Lune, ou la Révolution pacifique. — Par permission de M. le Maire,* la troupe

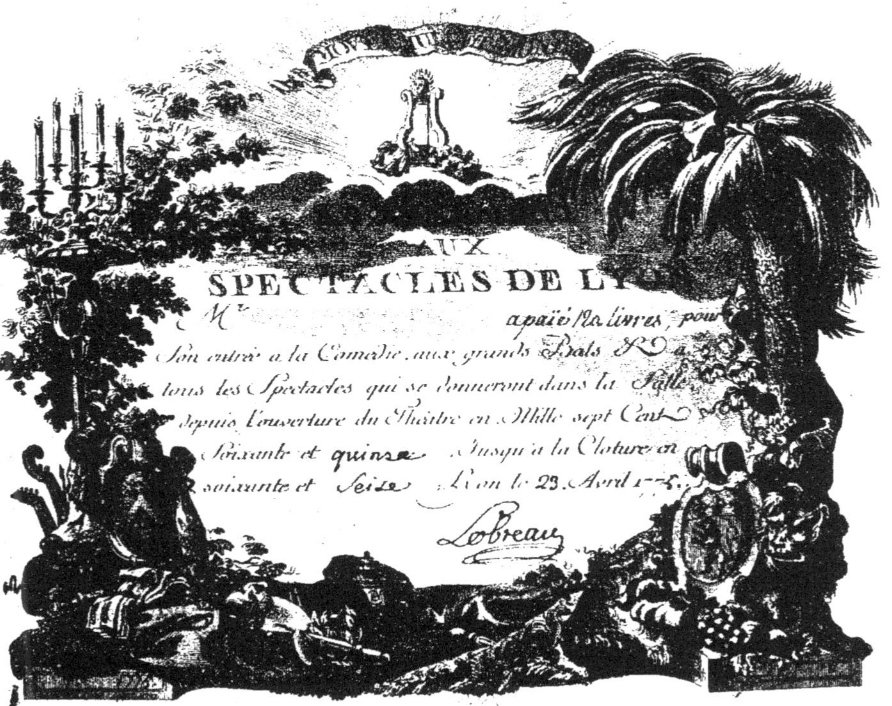
AUX
SPECTACLES DE LYON
M.   a paié 12a livres, pour
Son entrée a la Comedie, aux grands Bals &c. a
tous les Spectacles qui se donneront dans la Salle
depuis l'ouverture du Theâtre en Mille sept Cent
Soixante et quinze   Jusqu'a la Cloture en
soixante et Seize.   Lyon le 23. Avril 1775.
Lobreau

Nº 167

lyrique de M. G. Weimer donnera aujourd'hui jeudi
14 décembre 1809, une représentation de *Rose blanche
et Rose rouge*. — *Idem*, 26 décembre 1809, une représentation de *Léon ou le Château de Montenero*. —
Ensemble 3 pièces, la première en très bel état, les
deux autres fatiguées et un peu incomplètes.

169 — **Comédie-Française**. — Deux places à l'amphi-
théâtre, ce... 17... — Jolie pièce gravée par *N. Le
Mire*.

170 — **Théâtre** : Programmes, cartes, etc. — Réunion
de 26 pièces des xviii⁰ et xixᵉ siècles.

> Par permission, l'Académie des Pigmées ou la Comédie
> artificielle, représentera aujourd'hui dimanche, 14 janvier
> 1759, *Zaïre*, tragédie de M. Voltaire. — Par permission
> MM. et Dames, la Troupe d'Enfants, élèves de l'Ecole Dra-
> matique, aura l'honneur de vous donner aujourd'huy jeudy
> 3 aoust 1780, une représentation de *l'Amour Auteur et Valet*.
> — Punch's Théatre, *1807* ; Cartes de Freundschafts Thea-
> ter (Th. de l'Amitié); Théâtre sans prétention (*gravé par
> Durig*); Odéon, T⁰⁰. de l'Impératrice. Comité de lecture ;
> Théâtre du Panorama, Sortie; Académie Royale de musi-
> que. Loge du Prince Royal. 2 ép. (*1 avant lettre*), etc.

171 — **Théâtres, Concerts**, etc. — Billets d'Invitations,
de faveur, programmes, etc. — Réunion de 67 pièces.

172 — **Bartolozzi Tickets** : For the Benefit of Madᵉ
Banti *1795*, Mʳ Borghi, *2 ép*. (*1 avant lettre*) ; Mʳ
Giardini ; Mʳˢ Grassi, *2 ép*. (*1 avant lettre*) ; Mʳ Jones ;
Mʳ Salpietro, *1773*; Mʳ Tenducci, etc. — 13 pièces
gravées par *F. Bartolozzi*, d'après Bartolozzi, Burney
et Cipriani.

173 — *A la Victoire*. **Cousineau**, luthier de la Reine et
des Dames de France, rue des Poulies, 1774. — Très

belle adresse gravée par N. Pruneau, d'après **A.** de
St-Aubin. — **Cousineau**, Luthier, M^d de Musique,
rue Dauphine n° 32 ; *A la Manufacture de Harpe*,
rue de Thionville, n° 1840. **Cousineau père et fils**,
Luthiers. 2 factures-adresses. — Ens. 3 pièces.

174 — **Imbault**, prof^r et édit. de musique, au Mont d'Or,
rue St-Honoré, n° 627 (Beaublé, *scrip*). — **Le
S^r L'Awalle L'Ecuyer**, edit. et M^d de musique,
Cour du Commerce à Paris. — **Van Ixem**, grave la
musique, rue des Fossés-St-Germ.-l'Auxerrois, n° 38.
— *Bureau d'Abonnement musicale*, rue du Roule, à
la Croix d'Or (*gravée par Ribière*). — **Rigourdeau**,
M^d fab^t de Cordes pour tous les Instuments de musique à la Rochelle. — Ens. 5 pièces anciennes.

175 — **Académia Filarmonica**. — *Les Petits riens
Lyriques*. Chez Boivin, Marchande, à la Règle d'Or
(*gravé par Monnet*). — *A l'Harmonie.— Bon de 1000
Livres* pour un quart de loge à l'Académie royale, de
Musique, 1785. — **Lewis, Houston and Hyde**,
Music Sellers. (*Dess. par Corboult, gravé par Schia-
vonetti*). — **A. Bland and Weller**, Piano-Forte
Makers, n° 23 Oxford Street. 2 p. différentes. --
Titres de musique, gravés par L. Roussel et J. B. Fay.
2 p. — **Juillet**, prof. de Danse et de Musique. (*Lithog.
par Dubois, 1820.*) — Ens. 14 pièces.

176 — Fabricants de Piano et d'instruments de musique,
Marchands de musique, professeurs et accordeurs de
piano, etc. — Réunion de 28 pièces, adresses et
factures.

> Laffeur père et fils, luttiers-éditeurs, à Paris, bt Bonne-
> Nouvelle, 2 et 4. — G. Pleyel et Cie, *1831*. — J. Pfeiffer. —
> H. Pape, *1841*.— Le Menu, auteur et marchand de Musique,

rue du Roule, à Paris. — *A la Clarinette royale*, Michel Amlingue, maître-facteur d'Instruments de musique. — M Le Favre, cours et leçons particulières de Piano. — Mᵐᵉ Charlier. née Pizzetty, enseigne le Piano, etc.

177 — **Titres de Musique** ornés, des XVIIIᵉ et commᵗ de XIXᵉ siècle. — Belle collection de 28 pièces.

178 — **Bal de Messʳˢ les Ambassadeurs d'Espagne** à l'Hôtel de Bouillon, le samedy 2 de janvier 1730 à deux après minuit. Pour une personne Belle carte d'invitation, in-fol. en h. (*dess. et gravée par J. Dumont*).

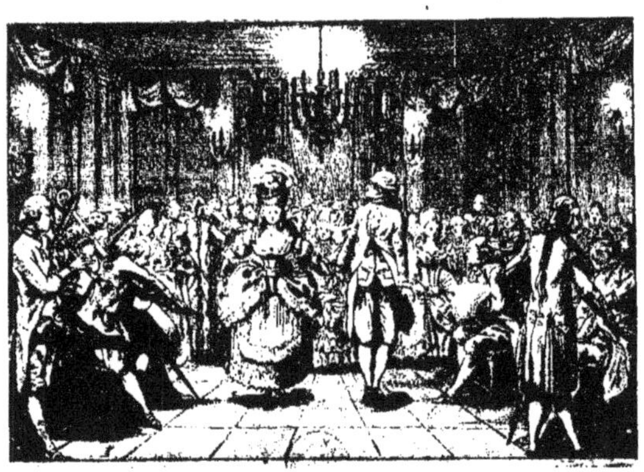

Nᵒ 179

179 — **M(adˡˡᵉ De Crouzaz, angloise)** est priée de faire l'honneur aux Dames, Directrices de la Redoute et aux Messieurs de la souscription des Bals, de venir danser (Vendredy, 2 février), à 5 heures. R·S. V. P. — Jolie pièce du XVIIIᵉ siècle, gravée par Lardy.

180 — **Cartes** du Concert de MM. les Abonnés ; Société
Philarmonique ; Bal Paré, Société du Concert de
Lille ; Salle d'Orléans, Bal de souscription, billet de
dames ; Sallon des Muses, billet d'entrée, an 4, etc. —
Réunion de 11 pièces anciennes, gravées par *Durig*
et autres.

181 — **Masquerade Ticket**. — Jolie carte d'invitation
Gravée par J. Mills, d'après W. Hogarth.

182 — **Bals**. — Réunion de 32 cartes d'invitation.

> Ville de Provins. Bal en réjouissance de nos victoires
> remportées sur les Russes, 1812. — Bal de Société, à l'Élysée
> Bourbon. — Bal de Sainte-Cécile, Château-Thierry, 1828. –
> Salle Vivienne, Bal masqué, 1841. — Casino Paganini,
> 1838. — Opéra, Théâtre de la Nation, Bal masqué, 1849. —
> Th. de l'Ambigu, Bal de nuit. — Bal en faveur des pension-
> naires de l'ancienne liste civile, salle Ventadour, 1837. —
> Bal en faveur des indigens, 4° arr., 1843. — Jardin d'Hiver,
> Grand Festival dansant, 1848, etc.

---

183 — **PEINTRES, GRAVEURS, SCULPTEURS,**
etc. — *Au Grand Monarque*. **Le Sieur Dieu**.
M° Peintre à Paris, sur le Petit Pont, fait et vend
toutes sortes de Tableaux. *1698*. — Belle adresse
in-fol., dess. et gravée par Ant. Dieu. Belle épreuve
(pli).

184 — **Aved** (Jacques-André-Joseph), Peintre en déco-
rations de toutes espèces au plus juste prix débatu.
Adresse *peinte à la gouache, sur parchemin*, avec
madrigal au bas. Curieuse pièce du xviii° siècle.

185 — *A la Folie*. **Halle, dit Mercier**, Peintre et mode-
leur, M⁴ et fabriquant de casques et de masques pour
le nouveau Théâtre des Arts, etc., rue de l'Arbre-Sec.

nº 250, à Paris. — **Pellegrin**, Peintre, sculpteur et décorateur, boulevard Bouvreuil, nº 23, à *Rouen*. *(gravé par E. H. Langlois).* — Adresse de **Lepagelet ?** ép. *avant la la lettre (gravé par Lepagelet, 1818).* — Ens. 3 pièces.

186 — **Communauté et Académie de Saint-Luc des Arts de Peinture et Sculpture.** 5 pièces différentes par Babel, Guélard, etc. *(1 avant lettre.)*

187 — **Macquet,** graveur de géographie et d'écriture, rue St-Jacques, nº 249, à Paris. — **Macret**, graveur, rue des Fossés M.-le-Prince, nº 18. — **Bance**, graveur et M^d d'estampes, rue St-Séverin, nº 115, à Paris. — **Benoist**, M^{tre} de dessin et fait le portrait, rue et porte St-Jacques, nº 166, à Paris. — **Marais**, élève de l'Académie de Peinture de Paris, enseigne à desiner et à graver la figure, l'ornement, etc. Sa Demeure est à Angers. — Ens. 5 pièces du XVIIIe siècle.

188 — **Cordiez,** dessine et grave l'Architecture Civile et Militaire, le Plan, la Géographie et la Topographie *(gravé par lui même .* — **Perrier** dessine et grave la Géographie et la Topographie, rue des Fossés-St-Germain-l'Auxerois, à Paris. — **Bouclet**, graveur, rue des Fossés-St-Victor, à Paris. — Ens. 3 belles pièces du XVIIIe siècle.

189 — *A l'Arme des Blaʒon* (sic). Au milieu de la Grande-Rue du faubour St-Anthoine, demeure **Ni. Barbé**, graveur en taille douce et en creux, grave armes sur sceaux, cachets, vaisselle, etc. — Belle et rare adresse du XVIIIe siècle.

190 — **Salernier,** graveur sur tous méteaux, quay de
l'Horloge, à Paris (*gravé par lui-même*). — **Nicol,**
graveur, demeurant Cloistre-St-Nicolas-du-Louvre,
grave sceaux, cachets, vaisselle et tout ce qui concerne
l'art. — Deux pièces du xviiie siècle.

191 — **Roy,** graveur sur tous métaux, Au Chariot d'or,
à l'entrée du quay des Orfèvres à Paris, *1750* (*des.
et gravé par Roy*). — **Dubois,** graveur, rue du Che-
valier-du-Guet, n° 7, à Paris. — **Grafe,** graveur en
cachets, et fabricant de cire à cachets de Mme la Comtesse d'Artois, rue Neuve-St-Roch, à Paris. —
3 pièces.

192 — **Mongenot,** graveur sur tous métaux, rue Haute-
des-Ursins, à Paris (*Mongenot fecit*). — **Lorichon,**
graveur en tous genres et sur tous méteaux (*sic*), quai
des orfèvres à Paris. — **Juery père,** planeur en
cuivre, rue St-Jacques n° 45, à Paris. — **Dubois,**
graveur et imprimeur, rue St-Martin, n° 77 à Paris. —
Montagny, graveur en médailles. — **Pillart,** graveur d'une Académie des Sciences (*dess. et gravé par
Pillart*. — **Heurthaux,** ciseleur sur tous métaux,
rue Guénégaud, n° 16, à Paris, etc. — Onze pièces.

193 — **Oblin,** graveur du Roi, quai des Orfèvres, n° 36,
5 adresses et 2 factures, soit 7 pièces différentes. —
Desmarest, Decourcelle et **P. Porchelot,** graveurs,
Palais-Royal, n° 40, à Paris, 5 pièces. — Ens.
12 pièces.

194 — **Pichard,** Planeur, à la Renomé (*sic*) des bon
cuivre (*sic*) pour les Graveurs et les Mathématiciens,
rüe de Jouy, à Paris. — Très belle adresse du xviiie
siècle, ép. à toutes marges.

195 — Peintres - décorateurs, dessinateurs industriels, sculpteurs, marbriers, peintres de lettres et enseignes, architectes, mouleurs, etc. — Réunion de 33 pièces.

> M. Gonin, peintre, dessinateur de fabrique, à St-Etienne. — A. Collas, tourneur-mécanicien, réduit sur cuivre… rue des Sept-Voies, n° 3r, à Paris. — Portraits en relief d'une parfaite ressemblance, A. Durand, sculpteur, rue de Bussy, à Paris. — Calvat, sculpteur-modeleur, rue du Pont de Lody, à Paris. — Vossy, sculpteur-marbrier, cimetière du Sud, Montparnasse. — Marbres statuaires, établissement de Carrare (*gravé par Pauquet*). — *Aux deux Cupidons*, rue de Basfroid, n° 56, Frechot entrepreneur de carrelage. — Jules Leroux, peintre de lettres (*gravé par H. Bazin, 1896*). — Mignan, peintre, ornements, attributs et lettres. — Collet, sculpteur et marbrier à Chambéry. — Hippolite, mouleur (*gravé par Feuchère, 1839*), etc.

196 — Graveurs en taille-douce, sur pierre, sur métaux, graveurs héraldiques, dessinateurs, imprimeurs-lithographes et typographes, etc. — Réunion de 160 pièces du XIXe siècle.

197 — **Bartsch** (De la part d'Adam) pour souhaiter la bonne année). — Deux pièces différentes gravées par lui-même. Belles épreuves. (*1 avant lettre.*)

198 — **Choffard**, rue des Cordeliers, à Paris. — Carte-adresse de l'artiste, gravée par lui-même.

199 — **Chodowiecki** (Daniel). — Carte-adresse de l'artiste, *gravé par lui-même*.

200 — **Chrétien de Méchet**, graveur en taille douce, à Basle. — Jolie adresse du XVIIIe siècle.

201 — **H. Roberti**. Carte-adresse de Hubert Robert, *gravée par lui-même. (Rare)*.

202 — **De Saint-Aubin**, dessinateur du Roy, rue du Four-St-Honoré. — Deux adresses différentes. *(Rares.)*

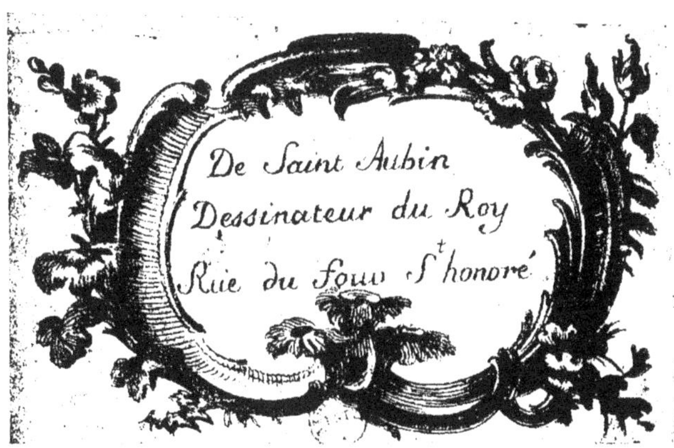

Nº 202

CARTES DE VISITE

2o3 — **G.-E. Le Camus.** — 2 jolies adresses différentes
du xviiiᵉ siècle, gravées par *Daudet*. Très belles
épreuves.

204 — **Joseph Durig**, graveur en pierres fines, à Lille,
1780. — **Durig**, graveur du département du Nord —
Durig, graveur en tous genres, à Lille.—**Mᵐᵉ Malou**,
née Riga. — **M. Merghelynck.** — **Le Chevalier du
Puget**, officier au Régiment Colonel-Général, infanterie. — **Libert de Beaumont.** — **Max. Engel**,
notaire à Courtray, etc. — Ensemble 10 adresses gravées par **Durig** (*2 en tirages postérieurs*).

2o5 — **Monsieur de Baselli.** — **Le Chʳ de Lacoste.** —
Emˡ Ryhiner fils. — **N. Guibal**, Pʳ peintre du duc
de Wurtemberg, *1775*. — **M. de la Reynière fils**,
rue Grange-Batelière. — **De Bièvre.** — Ensemble
6 pièces du xviiiᵉ siècle.

2o6 — **Baumgartner** (Hofkriegs Rath). — **Le Comte
de Salerm**, chambellan et major au serv. Palatin
(*gravé par J.-M. Mettenleiter, 1796*). — **Fr. Xav.
Schattenhofer** Damonstifts-Kanzler (*gravé par J.-M.
Mettenleiter, 1798*). — **Joseph, noble de Wer-
theimstein.** — **Le Baron de Zyllenhardt**, grand
Echanson de S. A. S. Mgr le Duc des Deux-Ponts.—
Ensemble 5 pièces du xviiiᵉ siècle.

2o7 — **Isaac Cox Barnet**, Consul des Etats-Unis
d'Amérique. —**Le Baron de Braün** (*gravé par Kohl*).
— **D. Josef de Pinedo y Velasco Gonzales de
Quixano.** — **Vincente Lunardi**, etc. — 5 pièces.

208 — **Le M**is **d'Hautefort**, grand d'Espagne. — **De
Lusse**, rue Saint-Jacques, à Paris (*dess. et gravé par
J. de la Cruz*). — **Madame Defosseux-Virnot**. —
M. et Mme **Dumaisniel**. — **De Brion** (*gravé par
Desmaisons*). — Ensemble 5 jolies pièces du xviiie
siècle.

209 — **Steiguer**, capitaine de dragons. — **Le Baron
Léopold de Hohenhausen**, général et gouver-
neur-lieutenant. — **Graf von Thurn und Valsas-
sina**, Comendur zu Maynz. — **Il Barone du Dumi-
nique**, Comandante della Citta e Ducato di Piacenza.
— **Mestrezat**, Collonel, etc. — Ensemble 7 pièces
du xviiie siècle.

210 — **Monsignore Giacinto Orsini**, vice-legato di
Bologna. — Il secretario **Campari**. — **Jarsizio
Riviera**. — **La Contessa Mathilde Stelluti Scala
Vallemani**. — **Il Conte Ruggiero Vallemani**. —
Mar-Senatore Cospi· — Ensemble 6 belles adresses
gravées par *F. Rosaspina*.

211 — **Le Général Baron de Pommereul**, préfet du
Nord. — **Martin**, payeur de la Guerre de la 16e divi-
sion militaire. — **M. T. d'Haudricourt** (*gravé par
Pigeot, d'après Laffitte*). — **Le C**te **de Chabrières**. —
M. de Schneyder, conseiller de légation de la Cour
Impériale de Russie. — Ensemble 5 pièces.

212 — Cartes de visite illustrées. Deux pièces gravées
par le **Comte de Paroy**. Belles épreuves *avant lettre*
(1 *imp. en bistre*).

213 — **Grimod de la Reynière**. Grande carte du cé-
lèbre gastronome. In-fol., belle ép., toutes marges.

214 — **La Contessa Arese. — Il Conte Arese Lucini. — Donna Maria Bongiovanni Nata Visconti. — C. Filippo Linati. — Il Marchese Andreasi. — Prospero Campana. — Il Principe Rezzonico. — La Marchese Litta Cusani. — M**ʳ **Arciv**° **di Sebaste Nunzio presso S. M. C.**, etc, — Ensemble 10 pièces du xviiie siècle, la plupart gravées par *D. Cagnoni et P. Bettelini.*

215 — **M**ᵐᵉ **la comtesse d'Aranda. — Le M**ⁱˢ **de Astorga, conde de Altamira. — Alfonso de Solo. — Augustin de Betancourt y Molina. — El Duque de Hijar. — El Obispo del Cuzco. — D. Joachin Sotomayor Senor de Allones** *(gravé par De la Cruz).* — **Don Bernardo Espinalt y Garcia** *(gravé par Mariani, 1789).* — **Guiseppe Storck di Milano.— Manuel Salvador Carmona.— Mar**ˢᵉ **Guiseppe Torlonia** *(gravé par F. Bernillon).* — **Il Conte Senatore Moscati** *(gravé par Mercoli).* Ens. 12 pièces du xviiie siècle.

216 — **Diacinto Balucante. — Il Barone del Burgio Maucini. — Auguste Comte Keglevics. — Giulio Acetti. — Conte Filippo Linati. — Conte Cardelli.— Il Can**ᶜᵒ **Fran**ᶜᵒ **Uccelli** *(gravé par J. Lapi).* **— Il Cavaliere Marchese Pianetti. — Il Cavalier Gio Paolo de Cinque. — Anna Caterina Bischi Anceletti. — Giovanni Pichler. — Il Sen. March. Guiseppe Angelelli Com. di S. Giorgio. — Massimiliano Libri. — Guiseppe Manieri. — Don Girolamo Astorri.** — Ens. 15 pièces du xviiie siècle.

217 — **La Comtessa Borromeo. — Le Chanoine de Camin,** et veneur de la Cour de S. A. R. Mgr le

prince Ferdinand. — **Le Conseiller de guerre Gravius.** — **Mme Gravius.** — **Le comte Kinsky.** — **J. S. Schonberg.** — **Sim. Fried. Nebinger** in Augsburg. — **Carl. Ludwig Gronau** (*gravé par Schmidt*). — **Jaq. Sam. Wyttenbach** (*gravé par G. Eichler*). — **Madame l'Ambassadrice d'Espagne.** — **M. Clavering.** — **Jean de Jean Faesch.** — **Girolamo de Marchisi Trivulzi** (*gravé par G.-C. Bianchi, 1780*), etc. — Ens. 27 pièces du xviiie siècle.

218 — **Anna Regina Dietz geb. Mayr.** — **La P^{sse} de Lichtenstein,** née P^{sse} d'Œttingen. — **La contessa Sanvitale,** nata P^{sse} Gonzaga. — **Madame Schado,** (*gravé par Bolt, 1792*). — **Herr und Mme Oehler.** Ens. 5 pièces du xviiie siècle.

219 — **De Stubenranch** (*graveur, né à Vienne, 1784-1839*), 2 pièces différentes gravées par lui-même (*l'une en 2 états*), soit 3 p. — **Hilaria Bergler.** 2 ép. (*avant et avec lettre*). — **Job. A. Klein,** *1814.* 2 adresses différentes *gravées par lui-même.* — **Charles Girardet,** dess. et grav. — **F. Nadorp,** *1834.* — Ens. 13 pièces.

220 — Cartes de visite illustrées. Réunion de 13 pièces.
J. M. A. de Cluny. — Marin (*gravé par Denon*). — A. Colin. — Benigno Bossi. — I. Caspar Kuster, Mahler. — Antonio del Pedro. — G. I. Göschen (*gravé par Bolt, 1800*). — F. Mollo et Cie. — etc.

221 — Cartes de visite illustrées et typographiques, du xviiie siècle et de l'Empire. — Réunion de 52 pièces.
Lalande, directeur de l'Observatoire. — *Bestein de Bassompierre.* — *Il cavalier Ruspoli.* — *C. Pernon,* négociant à Lyon. — *Roux,* Trésorier de France. — *A. H. Thomas,* maître-es-arts, à Rennes — *F.-G. Petit,* avocat à Lyon. — *Séb. Erard.* — etc. (*Quelques pièces avec les noms manuscrits et quelques autres avant lettre*).

222 — Cartes de visite illustrées, la plupart *avant la lettre*. — Réunion de 32 pièces.

223 — Adresses, cartes de visite, cartouches, vignettes, etc. — Réunion de **25 dessins** du xviiie siècle, *quelques-uns signés de Wocher*.

224 — Cartes de visite illustrées des xviiie et commencement du xixe. — Réunion de 24 pièces, la plupart avec les noms autographes (on y lit les noms de *Greuze?*, *Mad. Grisi*, *De la Puisaye du Terrage*, *Rosambeau*, *Clara la Bordelaise*, etc.)

225 — Cartes de visite illustrées, la plupart italiennes. — Réunion de 49 pièces du xviiie siècle, *la plupart avec les noms autographes ou avant lettre*.

> Il marchese di Cannicero; Il Principe d'Alcontres; Giovanni Trigona de duchi di Misterbianco; Il principe della Gisira. *4 p. gravées par A. Zacco.* — Prospero Campana. — Massimiliano Petroso. — etc.

226 — Cartes de visite illustrées du xviiie et commencement du xixe siècle. — Réunion de 72 pièces en noir et coloriées, *avec les noms manuscrits*.

227 — Cartes de visite illustrées. — Réunion de 42 planches en noir et *coloriées*, contenant 350 adresses.

228 — Cartes de visites illustrées d'artistes, littérateurs, etc., modernes.— Belle collection de 283 pièces par Bracquemond, Eug. Delatre, Maurisset, H. Boutet, Dillon, J. Adeline, Ferdinandus, Teyssonnières, H. Somm, Ardail, A. Bouvenne, Saffrey, Robida, Ch. Ransonnette, Baron, H. Pille, Ch. Courtry, E. Daumont, J. Duvaux, Lebègue, Yan Dargent, H. Valentin, Faucherre, K. Fichot, etc. (*Collection importante.*)

229 — Cartes de visite de P. Doumer, Ch. Floquet,
Marie Taglioni, Ch. Asselineau, F. Coppée, Maréchal de Mac-Mahon, C. Doucet, Pasteur, Général
Boulanger, etc. — Réunion de plus de 100 pièces,
quelques-unes avec autographes.

DOCUMENTS

SUR LA

RÉVOLUTION ET L'EMPIRE

230 — **ALMANACHS DE LA RÉVOLUTION.** — Almanach fédératif de la Constitution, 1791. (*A Paris, chez
Mondhare et Jean*); Calendriers pour la 2ᵉ et 3ᵉ année
républicaine, 2 p. rondes gravées par Aubert ; Calendrier pour l'an IV ; Nouveau Calendrier de la République Française pour la 3ᵉ année, dessiné et gravé
par Queverdoo (partie de l'Automne et de l'Hyver). —
Ensemble 5 pièces (*1 coloriée*).

231 — **Almanachs et Vignettes d'Almanachs** de la
Révolution, de 1793, an XII, etc. — 4 pièces contenant 31 figures (jeux d'enfants, sujets allégoriques,
sujets galants, etc.).

232 — Calendrier pour l'An XII. (*A Paris, chez Mar-
cilly*). — Calendrier pour 1818, (à Paris chez *Janet*.
— Calendrier perpétuel, dessiné par Ch. Henry,
gravé par Charon. (*A Paris, chez Jean*), etc. —
4 pièces en noir, *coloriées et imp. en couleurs.*

233 — **ASSIGNATS** des différentes émissions, de dix
sous à dix mille francs, mandats territoriaux, bons de
commune, billets de loterie, billets de banque étrangers, banque de Law. etc. — Collection de 510 pièces
montées, en 1 vol. in-4º, demi-bas.

234 — **Assignats** des différentes émissions, estampes
concernant les assignats, pièces satiriques sur les
agioteurs, banque Law, etc. — Recueil très intéressant de 130 pièces, montées en 1 vol. in-fol.

235 — **Assignats divers,** bons de commune ; brochu-
res, pièces imprimées et autographes divers, concernant les Assignats, le calendrier républicain ; essais
de papiers à assignats. — Réunion de env. 140 pièces
montées en 1 vol., et en feuilles.

236 — **Assignats** des différentes émissions, mandats
territoriaux. — Réunion de plusieurs milliers de pièces, en nombre, dont un certain nombre en feuilles
complètes.

237 — **BONS PATRIOTIQUES des Communes de
France.** — Collection de plus de 700 pièces anciennes.

238 — **Bons patriotiques des communes de France.**
— Collection de plus de 700 pièces anciennes. *(Collection contenant un certain nombre de pièces différentes du numéro ci-dessus).*

239 — **Bons patriotiques** des communes de Bagnols,
Nantes, Saint-Ambroix et de la compagnie de Commission, rue des Bons-Enfants à Paris. Pièces en
nombre.

240 — **BREVETS ET DIPOMES**. — Brevet de médaille
d'or décernée aux gardes-françaises, en reconnais-
sance des services signalés, rendus à la Cause publique. Pièce in-fol., datée du 15 sept. 1739 et portant
les *signatures autographes* de **Bailly et Lafayette**
(cachet de cire).

241 — **Brevets de la Garde Nationale**. — Réunion
de 11 pièces.

> Bataillon de Saint-Jacques de la Boucherie, 2 p. gravées
> par *Cordier*. — Garde Nationale de Lyon, 1793. — Section
> armée des Gravilliers, 1792. — Garde Nationale de Nantes,
> 1792. — Garde Nationale parisienne, etc.

242 — **Congé absolu** Dessin par C. Vernet, gravé par
Godefroy. — 3 épreuves d'état, *dont l'eau-forte pure*,
gravée par Duplessi-Bertaux, 1798.

243 — Congé des bâtimens du Commerce Français. —
Passeport, dép¹ des Deux Nèthes. — Diplôme de
membre de la Société des Amis de la République
(*gravé par Mansa, à Sedan*). — Congés de réforme,
etc. — Réunion de 8 pièces.

244 — Armée d'Italie. Commission de Chirurgien de
3ᵉ classe des hôpitaux de Milan, an 8. — Pension de
1,041 fr. 14 c. en faveur de Fr. Bertin, an 6. *Signature autographe de Merlin*. — Pension de 600 livres
en faveur de F. R. Foucault. An 4. *Signature autographe de La Réveillère Lépeaux*. — Récompense
Nationale en faveur de Louis Natoire, an 7. *Signatures autographes de Barras et François de Neufcha-
teau*. — Commune de Paris. Extrait du Registre des
délibérations du Conseil général. Médaille frappée en
mémoire de la glorieuse journée du Dix Août. —
Ens. 5 pièces.

245 — BREVETS ET DIPLOMES de l'Empire et de la Restauration. — Réunion de 12 pièces.

> Congé de réforme, Corps impérial d'Artillerie de la Marine. *Brest, 1806.* — Brevet de vétéran bourgeois de la Garde d'Honneur du Sénat Conservateur, an 13. — Certificat de congé d'apprentis-canonniers-marins. *Brest*, an 12. — Brevet d'honneur pour le citoyen J.-B. Rapatel, chef d'escadron, aide de camp. Bonaparte, Ier Consul de la République, an II. — Garde des Consuls. Congé de retraite, an 13. — Diplôme délivré par Duroc, duc de Frioul, au sieur Boilley, frotteur au palais de St-Cloud, 1811. — Commission de Garde-général des chasses et forêts de la Couronne, 1813. — Congé militaire. Corps de Condé, 1801. — Diplôme de la Décoration du Lis, 1814, etc.

246 — CARTES RÉVOLUTIONNAIRES. — Réunion de 27 pièces.

> Club Révolutionnaire de l'Egalité. — Société populaire des Gardes Françaises, an II. — Société populaire de la Section de Popincourt. — Société des Amis de la Liberté et de l'Egalité, district de Barjols (Var). — Conseil de discipline militaire, Section de la Halle au bled. — Comité de surveillance et révolutionnaire de Lille. — Société des Amis de la Constitution à Rouen. — Section Guillaume Tell (*gravé par Berthault*). — Département des Relations extérieures. Carte d'entrée *signée de Talleyrand.* — Société populaire des Sans-Culottes de Nismes. — Fête de la Fondation de la République, an 5. Course à pied. — Société populaire du canton de Matha. — Section du Panthéon français. — Quand il le veut, un Peuple est libre ! — Port d'armes, district de St-Roch, etc.

247 — Société républicaine des Arts, an 2, 2 *épreuves.* — Carte d'officier municipal, an VI. — Société populaire épurée de la section Fontaine de Grenelle, 1794. — Carte de Police, an V. — Ens. 5 pièces gravées par **Choffard** (2 d'après Moreau le Jeune.) Belles épreuves.

248 — **Cartes de sûreté** et de citoyen, de Sociétés révolutionnaires, de Paris, Lyon, Nantes, Dunkerque, Montauban, etc. — Réunion de 26 pièces.

249 — **Cartes de la Révolution et de l'Empire**. — Réunion de 9 pièces.

> Comité de Bienfaisance, Section de l'Unité. — Société fraternelle des Amis de la Raison, an 2 (*dessin*). — Socié é populaire et républicaine des Droits de l'Homme, à Paris (*gravé par Duflos, an 2*). — Société populaire de Dourdan, département de Seine-et-Oise, an 2. — République Française, Convention Nationale (*gravé par A. St-Aubin, d'après Regnault*). — Le Ministre des Relations ext^{res}. — Ministère de la Guerre. Laisser-passer, etc.

250 — **Cartes de Napoléon Ier, Louis XVIII et Charles X**. — Réunion de 12 pièces.

> Billet d'entrée à l'Eglise métropolitaine, Lyon 1804. — Cérémonie de sacre et couronnement. Président d'Assemblée de canton. — Les Honneurs du triomphe décernés à Bonaparte, gravés par David, d'après Monnet. Bulletin de souscription, portant la *signature autographe de David*. — Musée Napoléon. Salon de 1812 (*signature autographe de Denon*). — Obsèques de S. M. Louis XVIII à St-Denis. Billet de Service. — Elysée-Bourbon. Permis d'entrer dans les appartements de LL. AA. RR., 27 nov. 1817, etc.

251 — **Palloy**, entrepreneur de Bâtiment, rue des Fossés-St-Bernard. — *Ex-Unitate libertas*. Palloy, patriote. — **M. et Mme Palloy**, autrefois propriétaire d'une belle fortune, aujourd'hui privés de toutes leurs ressources, sont obligés d'en chercher une dans leur travail, etc. — Ens. 3 pièces.

252 — **EN-TÊTES OFFICIELS RÉVOLUTION. République Cisalpine**. — Réunion de 23 belles pièces, *plusieurs en tirage à part*.

253 — **En-têtes officiels** : République française, Direc-
toire Exécutif, Gouvernement français, Sénat Con-
servateur, Bonaparte Ier consul, Préfecture de la
Seine, Préfecture du dép^t de Loir-et-Cher, etc. —
14 pièces gravées par Roger, Duplessi-Bertaux et
Choffard, Tardieu, etc., d'après Prud'hon, Naigeon,
Gatteaux, etc., *plusieurs en épreuves d'état*.

254 — **En-têtes officiels de la Révolution** : Commission du commerce et des approvisionnements de la
République, Comité de Salut Public, Garde Natio-
nale parisienne, Régie nat^{le} des Hôpitaux militaires,
Alexandre Berthier, Augereau, Vial, Jourdan, Cha-
bran, etc. — Réunion de 25 belles pièces, gravées par
de Launay, Tilliard, Delvaux, Queverdo, Le Gouaz,
etc, *plusieurs en tirage à part (1 dessin)*.

255 — **Vignettes en-têtes de pièces officielles de la
Révolution et de l'Empire.** — Collection très importante d'environ 1,500 pièces.

256 — **ESTAMPES DIVERSES** sur la Révolution et
Napoléon Ier. — Réunion de 30 pièces, *dont 1 dessin*.

257 — **LETTRES AUTOGRAPHES** avec vignettes en-
têtes, Républiques Cisalpine, Napolitaine, etc. —
Réunion de 11 pièces.

> Faure, colonel commandant le 4e régiment d'artillerie à
> cheval. Verone, 1806. — Passeport délivré par A.-F. Miot,
> Conseiller d'Etat, administrateur général des départements
> du Golo et du Liamone. Ajaccio, an II. — Amelot, Com-
> missaire spécial du Directoire et administrateur en chef des
> contributions de la République Française dans toute
> l'Italie, Milan, an 7. — Lettre de Pignatelli, général napo-
> litain, au citoyen Abrial. Republica Napoletana, Rome,
> an 7, etc.

258 — **Lettres autographes, Papiers officiels**, de la
Révolution et de l'Empire. — Réunion de 18 pièces.

> Élection de capitaine de la Garde nationale volontaire,
> section des Lombards, an 1er. — Quittance du Comité de
> surveillance, section des Lombards, an 2. — Lettre des
> Administrateurs au Directoire du département de l'Ain,
> 1791. — Lettre du citoyen Benazech, conseiller d'État,
> an 10. — Certificat de domicile, Chalon-sur-Saone, 1792.
> — Congé absolu, armée des Alpes, Lyon, an 3, etc.

259 — **Lettres autographes et pièces officielles** avec
en-têtes gravés. — Réunion de 18 pièces.

> Lettre de Ch. Sonnerat, entrepreneur général des chevaux
> d'artillerie et transports militaires. Armée du Nord.
> Bruxelles (*gravé par A. Cardon*). — Laisser-passer délivré
> par l'Ambassadeur de la République française près les can-
> tons suisses et la République de Valais Bâle, an 4. *Pièce
> signée par Barthélemy*. — Républiqu d'Haïti. Lettre de
> J.-P. Boyer, président d'Haïti, Port de Paix, 16 avril 1822. —
> Lettre d'attestation du Conseil d'administration du 7e ba-
> taillon du Nord, an 3. — Lettre de Haller, admr des Contri-
> butions et finances d'Italie, an 5. — Lettre du général de
> division Sorbier, au citoyen Joseph Bonaparte, membre du
> Sénat, an 11. — Lettre du général de brigade Jardon, Aix-
> la-Chapelle, an 11. — Lettre de Delamarre, représentant
> du Peuple, envoyé dans les départements du Nord et du
> Pas-de-Calais, an 3. — Commission d'Inspecteur particulier
> des Subsistances, étapes et convois militaires, an 7
> (gravé par *Tilliard*). — Laisser-passer délivré par le
> ministre des Relations extérieures, an 7. Pièce signée par
> *Talleyrand* (gravé par *R. de Launay*). — Empire Français.
> Préfecture de Police. Laisser-passer, Paris, 30 octobre
> 1806, etc.

260 — **PAPIERS A LETTRES** avec vignettes en-têtes
gravées. — Réunion de 9 pièces.

> Vaincre ou mourir. — Vivre libre ou mourir. — Justice.
> Bureau de l'envoi des lois. — Société des Amis de la Cons-
> titution de Nantes. — Léopold Berthier, adjudant-général
> (gravé par Folo). — Commission du commerce et des
> approvisionnements de la République (gravé par Til-
> liard), etc.

261 — **PIÈCES concernant la ville de Lyon**. — Réunion de 7 pièces.

> Société populaire des Jacobins de Commune-affranchie. — Papiers à lettres à en-têtes : Lyon, Vaincre ou mourir; Ville affranchie, 1793, 2 p. — Lettre des Membres du Comité révolutionnaire et surveillance du canton des Sans-Culottes. Commune-affranchie, an 2. — Laisser-passer délivré par le Maire et officiers municipaux de Ville-affranchie, an 2. — Municipalité de Ville-affranchie ou Lyon régénérée. Laisser-passer, an 2.

DOCUMENTS DIVERS

262 — **ALMANACHS**. — Calendrier Royal pour l'année 1759. *Ex. defectueux.* — Almanach de l'Indicateur fidèle pour l'année 1767. *A Paris chez Desnos.* — Almanach royal de cabinet, dédié à la Ville de Paris *(partie supérieure de la pièce)*. — Cérès affligée de voir la Terre stérile. *A Paris chez de Rochefort.* Ep. *avant lettre*, etc. — Ens. 6 pièces.

263 — **Almanachs, Calendriers,** de 1820 à 1884. Réunion de 64 pièces.

264 — **Almanachs des Postes**, Almanachs de cabinet, de 1850 à 1886. Réunion de 42 pièces.

265 — **Almanachs et Calendriers divers.** — Lot de 162 pièces.

266 — **BANQUE, FINANCE.** — Arrest du Conseil d'Estat du Roy, portant l'establissement des Bureaux de banque dans les principales villes du Royaume, du 25 juil. 1719. — Billet de l'Estat, 1716. — Banque

Law, 1719-1720. — Dividendes d'intérêt de la Compagnie des Indes. — Coupons d'actions de la Compagnie de Guyane, 1781-1783. — Dividendes d'action des fonderies royales d'Indret et de Mont-Cenis, 1786. — Dividendes de l'Entreprise de l'Yvette, 1791-1794. — Acquisition de rentes viagères, 1784. — Caisse d'épargne et de bienfaisance du sieur Lafarge, 1792. — Billet de Chance, emprunt de Mgr le duc d'Orléans, 1er Prince du Sang, 1785. — Emprunt forcé, an IV. — Aliénation des Domaines nationaux, an V et an VII. — Extrait d'inscription au Grand-livre de la dette publique, an VIII. — Emission de traites, service de la Martinique, an XI. — Contributions directes de l'an 1807. — Actions et obligations de la Banque territoriale, an X; de la Société des Amis des Arts, 1818 ; de la Caisse hypothécaire, 1841 etc., etc. — Réunion de 83 pièces.

267 — **Banque.** Banque Law, 1720. Fonderies royales d'Indret et de Mont-Cenis, 1786. Emprunt forcé de l'An IV. Émission de traites, service de la Martinique de l'An XI. Banque du Peuple. Vente par actions d'immeubles. Effets de commerce. Papiers timbrés. Actions et obligations diverses, etc. — Deux dossiers.

268 — **Billets de banque,** Papiers-monnaies étrangers; bons de monnaie français, 1870-1871 ; Billets de Sainte-Farce, etc. — Collection de 600 pièces environ.

269 — **BILLETS et cartes** illustrés, de faire part de **NAISSANCE**, baptème et de première communion. — Réunion de 38 pièces par J. Adeline, H. Boutet, H. Lucas, Varin, Kauffmann, etc.

270 — **BILLETS DE LOTERIES**. — Réunion de plus de 450 pièces, des xviiie et xixe siècles.

271 — **Collection de Billets de Loterie** de provenance diverses, d'Assignats français et étrangers, Timbres-poste, Lettres de change, Billets de banque de fantaisie, etc. — Collection de env. 1000 pièces, montées en 1 vol. in-4°, demi-rel. chag.

272 — **BONS de la Compagnie des Indes**. — Cinq pièces gravées par **Choffard**. Belles épreuves, *3 avant lettre*.

273 — **CARTES DIVERSES**. — **Société des Arts**. Epr. *avant la lettre*. — Carte invitation. — Carte d'adresse, gravée par Littret de Montigny (*avant la lettre*). — Ens. 3 pièces du xviiie siècle.

274 — *Reguis infans*. Solemnité des Mariages célébrés par la ville de Paris à la Naissance de Mgr le duc de Bourgogne en 1751 ; *Offrande* nationale à Mgr le dauphin, 1781. 2 pièces gravées par Tardieu d'après C. Cochin. — **Bals parés** à Versailles pour le Mariage de Mgr le dauphin, 1745-1447. 3 pièces en *tirages postérieurs* — Ens. 5 pièces.

275 — **Cartes d'invitations, Bals, Diners**, etc. — Réunion de 5 pièces gravées par Bartolozzi, Kohl, etc.

276 — **Cartes commémoratives de Mariage**. — Réunion de 7 pièces gravées par B. Picart, J. Punt, Cl. Duflos, etc.

277 — Billets de Séances royales de l'ouverture des Chambres, 1826-1830. — Entrées du Muséum d'Histoire Naturelle, portant les signatures autographes de

Geoffroy St-Hilaire, Gay Lussac, Flourens, etc. —
Billets d'entrée de Salons, 1814 à 1904. — Cartes
d'entrée pour visiter les Momuments, Châteaux
royaux, etc : Parc de Neuilly, domaine de la Malmai-
son, Manufacture des Gobelins, Château de Versailles, Château des Tuileries, Palais de St-Cloud,
Galerie du Luxembourg, etc. - Réunion de 111 pièces.

278 — Cartes d'invitation d'inaugurations de Monuments,
Réceptions officielles, Obsèques, Ventes de charité,
Sociétés diverses ; billets de logements, bulletins d'E-
lections, etc. — Réunion de 168 pièces.

279 — Cartes d'invitations, Expositions artistiques modernes. Réunion de 138 pièces par Steinlen, J. Bé-
raud, Chéret, Ibels, Léandre, Mucha, Dillon, Rops,
H. Boutet, Delpy, Huard, etc.

280 — **CHROMOS**. — 1 lot.

281 — **Commission de Garde-Chasses** pour J. B.
L'Herbièr, natif de Nampteuil-Lafosse, demeurant à
Villers-Coterets, délivrée par Louis Ant. Duprat,
Mis de Barbanson, Lieutenant général des Armées du
Roi, Gouverneur des villes et châteaux de Villers-
Cotterets et de Coucy, Capitaine des chasses de la Capi-
tainerie Royale de Villers-Cotterets, 1er veneur de
Mgr le duc d'Orléans. Donné au château de Varennes,
le 16 janvier 1772. Gr. in-fol., signatures autographes.

282 — **CONFRÉRIES**. La Confrairie de Saint-Clair,
érigée en l'Eglise Abbatiale de Saint-Victor à Paris. —
La Confrérie de Mgr Saint-Claude, fondée en l'E-
glise de Mgr Saint-Jacques de l'Hospital en la rue
Saint-Denis, 1637 (*gravé par M. Lasne*). — La

Confrérie de MM. les Maîtres Menuisiers, établie en
la Paroisse royale de Notre-Dame de Versailles (*à Paris,
chés Bonnard*). — Indulgences plénières accordées
par Notre Saint Père le Pape Clément XI à tous les
confrères et sœurs de la Confrairie du Saint-Sacrement,
érigée en l'Eglise paroissiale de Saint-Jean-au-Marché,
de Troyes, 1714. — Oraison à Notre-Dame de Santé,
la fête se fait à Carpentras, le 10 Juillet. — Ens.
5 pièces.

283 — **CONGÉS MILITAIRES** : Infanterie, Régiments
de Champagne, de Beaujolais ; Cavalerie, Régiments
de Noailles, Dragons, etc., 1731-1792. — Diplôme de
récompense militaire délivré par A. M. E. Prince de
Saint-Mauris-Montbarey et du Saint-Empire, Maréchal des Camps et Armées du Roi, 1778, et de
L. M. A. de Lomenie, Comte de Brienne, 1788, etc. —
Réunion de 11 pièces.

284 — **DIPLOMES.** Réunion de 6 pièces.

> Académie des Sciences, Arts et Belles Lettres de Dijon.
> 2 p. gravées par Monnier et Pillart. — Société de Sainte-
> Geneviève. — Société Libre d'Agriculture, département des
> Ardennes (gravé par P. F. Tardieu). — Société de bienfaisance
> mutuelle (gravé par Mlle E. Langlois). — Société prévoyante
> de Secours mutuels, imprimeurs, chapeliers, passementiers,
> etc. Ville de Metz, 1828.

285 — Diplomes de la décoration du Lys, de l'ordre
royal et impérial de la Légion d'Honneur, de Bache-
lier ès-lettres, de Récompense Nationale, Révolution
de Juillet 1830, etc. — Réunion de 25 pièces.

286 — Diplômes divers modernes. — Réunion de 27 pièces,
dont 2 dessins.

287 — **ENCADREMENTS, cartouches ornés, adresses avant lettre**, etc. — Réunion de 52 belles
pièces des xviie et xviiie siècle, par *Choffard, Maril-
lier et autres*.

288 — **Encadrements, cartouches ornés**. — Réunion
de 174 pièces, la plupart du xviiie siècle.

289 — **Encadrements**, cartouches ornés et autres, des
xviiie et xixe siècles. — Réunion de plus de 300 pièces.

290 — **FILIGRANES de papiers anciens**. — Collection de plusieurs centaines de pièces.

291 — **FRANC-MAÇONNERIE**, Diplômes, certificats,
lettres de convocations, etc. — Réunion de 50 pièces,
la plupart du xviiie siècle. (Lot intéressant).

292 — **FRONTISPICES, fleurons**, etc. — Réunion de
12 pièces du xviiie siècle.

> Demetrio a Rodi, Festa per musica... per le nozze delle
> LL. AA. RR. Vittorio Emanuelo, duca d'Aosta e Maria
> Teresa, archiduchesse d'Austina, 1789 (*gravé par Porporati*).
> — Recueil d'estampes gravées d'après les tableaux du cabi-
> net de Monseigneur le duc de Choiseul, par Basan. 1771
> (*gravé par Choffard*). — Tribut de la Toilette. Mme Boivin,
> Marchande, rue St-Honoré, à la Règle d'Or, etc.

293 — **Bibliothéque de M^e la Dauphine. n° 1.** (Marie-
Antoinette). — Jolie pièce gravée par Ch. Eisen,
1770.

294 — **Frontispices d'ouvrage**, éditions Jouaust, Rou-
veyre, Gay et Doucé, Conquet, etc. — Réunion de
187 pièces, *la plupart en épreuves d'états*.

295 — **IMAGERIES RELIGIEUSES** anciennes et
modernes. — Réunion de plusieurs centaines de
pièces.

296 — **INVITASIONS illustrées**, Bals, Fêtes, Soirées, Sociétés diverses, etc. — Réunion de 275 pièces, par H. Pille, H. Somm, H. Guérard, F. Regamey, H. Boutet, Fraipont, Ferdinandus, Lepic, Rœdel, J. Adeline, Dillon, R. Ranft, etc.

297 — **LETTRE DE FAIRE PART DE MARIAGE** des citoyen et citoyenne Monvoisin, entre A.-F. Monvoisin et L^{se}-Ch^{te} Palloy. Paris, 5 fructidor an 5. Jolie vignette en-tête. — Lettre de mariage. En-tête gravée par L. T. Chenu, F^e Demaisons. — Deux pièces.

298 — **Lettres de faire-part de Mariage,** des xviiie et xixe siècles. — Réunion de 80 pièces.

299 — **LETTRE DE FAIRE PART. DÉCÈS,** de 1676 à 1897. — Collection intéressante de 126 pièces.

300 — **LETTRES illustrées de nouvel an, de la Garde nationale** ; papiers à lettres militaires. — 22 pièces.

301 — **LETTRES ORNÉES des XVIe XVIIe et XVIIIe siècles.** — Très importante collection de plusieurs milliers de pièces.

302 — **MENUS** officiels et mondains, sociétés, restaurants, etc. — Réunion de plus de **1300** pièces.

303 — **MINIATURES,** lettres ornées, etc., provenant de manuscrits anciens et autres. — 18 pièces.

304 — **MODÈLES pour impressions d'étoffes** ; Env. 300 pièces. — **Gardes de papier** ancien historié, — 66 pièces. Ens. 366 pièces.

3o5 — **ORNEMENTS TYPOGRAPHIES** : en-têtes, fleurons, culs-de-lampe, etc, des xvie, xviie et xviiie siècles. — 1 lot.

3o6 — **PAPIERS à en-têtes gravés.** — Réunion de 18 pièces.

> Société Philotechnique de Paris (gravé par Gaucher d'après Le Barbier). — Institut Impérial de France. — Société d'Agriculture de Lyon. — Société d'encouragement pour l'Industrie Nationale (*gravé par Normand, fils*, 1820). — Canal de Richelieu en Provence et dépendances, 1753. — Le Ministre de l'Ordre de Malte. — Athénée des Arts, etc.

3o7 — **Papiers à lettres** avec vignettes, etc. — Réunion de 188 pièces, du xixe siècle.

3o8 — **Papiers à lettres** pour compliments, fêtes, etc. — Albums d'échantillons. Deux dossiers.

3o9 — **PENSIONNATS, lycées, collèges, Institutions** — Palmarès des xviiie et xixe siècles, bons points scolaires, cartes illustrées de pensionnats, programmes de fêtes de lycées, etc. — Réunion de 156 pièces montées en 1 vol. in-8, cart.

3io — **PHOTOGRAPHIES DIVERSES** — 1 Lot.

3ii — **PROGRAMMES MILITAIRES** — Réunion de 39 pièces.

3i2 — **PROGRAMMES de Théâtres**, Concerts, Bals, Soirées mondaines, Fêtes de bienfaisance, Fêtes officielles, Sociétés, Cercles artistiques, etc. — Réunion de plus de **650** pièces.

313 — **PROSPECTUS d'ouvrages,** Couvertures de
livres, titres et frontispices divers, etc., du xixe siècle.
— Réunion de plus de 3oo pièces.

314 — **Prospectus** illustrés, Couvertures de magasins
de nouveautés et autres, imageries et réclames com-
merciales, etc. — Réunion de plus de **800** pièces.

315 — **Quittance de Journaux** — Factures d'imprimeurs, éditeurs, librairies, m^{ds} d'estampes, etc. —
Un dossier.

316 — **TIMBRES FISCAUX, timbres d'actes nota-
riés, des différentes Généralités.** — Collection
de plusieurs milliers de pièces.

317 — **TITRES-FRONTISPICES, marques de librai-
ries,** des xviie et xviiie siècles. — Collection de plus
de 8oo pièces.

318 — **Titres-frontispices, marques de librairies,
figures gravées sur bois,** du xvie siècle. Collection
de plus de **1200 pièces.**

319 — **Vignettes en têtes** : Le Comte de Forbin,
Directeur général des Musées Royaux (gravé par
Ribault, 1816, d'après Lafitte). 2 ép., *1 avant la lettre.*
— Le Secrétaire de l'Académie Royale des Sciences,
arts et belles-lettres de Caen. — Le Proviseur de
l'Ecole des Arts-et-Métiers de Compiègne. — Société Philotechnique de Paris (gravé par Gaucher,
d'après Lebarbier). — Académie de Peinture et Dessin, rue des Petites-Ecuries, n° 13, etc. — Ens.
10 pièces.

320 — **Divers.** — Mandat de 10 Baisers payables au
Porteur. — Banque d'Echange. Bon pour cinq Baisers. — Avis aux Chevaliers de la Fidélité. — Lettre
de Carnaval. — Pucelage perdu. — Patentes de Cocu,
de gourmand, de curieuse, etc. — Voyage amoureux,
Passeport, etc. — Réunion de 16 pièces.

321 — **Estampes anciennes,** par Beham, Aldegrave,
etc., Camaïeux. — Réunion de 29 pièces.

322 — **Estampes diverses du XVIIIe siècle,** en noir
et en couleurs, un certain nombre en épreuves d'état, à
l'eau-forte pure. — Réunion de 19 pièces.

323 — **Gravures diverses, XVIIIe siècle. Costumes,
Ornements.** — Lot de plus de 400 pièces.

324 — **Pièces historiques, Vues françaises et étran-
gères.** — Réunion de 59 pièces anciennes.

325 — **Estampes modernes,** gravures et lithographies,
par F. Rops, Charlet, V. Adam, etc. — Réunion
d'environ 250 pièces.

326 — **Portraits divers.** — Lot de 550 pièces.

327 — Sous ce numéro, il sera vendu plusieurs lots
divers.

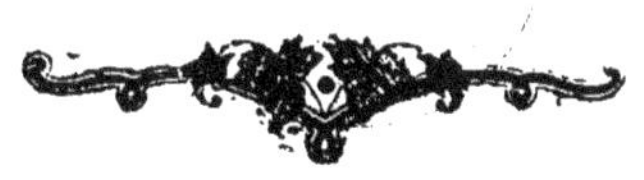